Achtung,
Einsatzleitung !

Hier lernt:

_____

Auf jeder Seite findest du unten ein Abzeichen – es zeigt dir, welches Wissen für dich geeignet ist und dich zur Kinderflamme, Jugendflamme oder sogar zur Leistungsspange führt. Schritt für Schritt wirst du ein echter Feuerwehrprofi!

ab 6 Jahre
das solltest du
für die Kinderflamme
wissen

ab 10 Jahre
das solltest du
für die Jugendflamme
wissen

ab 14 Jahre
das solltest du
für die Leistungsspange
wissen

jetzt bist du bereit
für den Truppmann

Kinder & Jugend Feuerwehr

Nicht nur cool – sondern ausgebildet!

Majka Stock

Einsatzbereit? Klar, mit Köpfchen!

Bibliografische Information der Deutschen Nationalbibliothek: Die Deutsche Nationalbibliothek verzeichnet diese Publikation in der Deutschen Nationalbibliografie; detaillierte bibliografische Daten sind im Internet über dnb.dnb.de abrufbar.

Lektorat, Konzept & Umsetzung: Majka Stock
Korrektorat: Majka Stock & KI (wir streiten uns nur über Kommas)
Weitere Mitwirkende: Jugendfeuerwehrgeist & virtuelle Einsatzfreude – unterstützt durch künstliche Intelligenz und pädagogische Erfahrung

Verlag: BoD · Books on Demand GmbH, Überseering 33, 22297 Hamburg, bod@bod.de
Druck: Libri Plureos GmbH, Friedensallee 273, 22763 Hamburg

ISBN: 978-3-8192-0777-8

Inhaltsverzeichnis

WILLKOMMEN BEI DER FEUERWEHR!

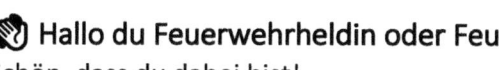 **Hallo du Feuerwehrheldin oder Feuerwehrheld!**

Schön, dass du dabei bist!

In diesem kleinen Heft findest du alles, was du für deine Zeit in der Kinder- und Jugendfeuerwehr wissen musst.

Es gibt spannende Erklärungen, Bilder und kleine Rätsel. Du wirst sehen: Feuerwehr ist nicht nur wichtig – sondern auch richtig cool! 😎🚒🔥

WAS MACHT DIE FEUERWEHR?

Die Feuerwehr hilft Menschen und Tieren. Sie schützt uns und unsere Umwelt.
Wenn etwas passiert – sei es Feuer, ein Unfall oder ein umgestürzter Baum – wir kommen helfen!

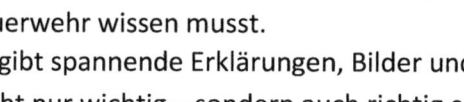 **Das macht die Feuerwehr:**

- 🧯 Feuer löschen

- 🚑 Menschen retten

- 🐱 Tiere retten

- ⚒ Straßen und Häuser sichern

- 🌳 Umwelt schützen

WER HILFT NOCH?

Die Feuerwehr hilft viel – aber nicht allein!

Manchmal brauchen wir Unterstützung. Zum Glück gibt es noch andere Einsatzkräfte, die mit uns zusammenarbeiten:

> 💡 **Merksatz:**
> Die Feuerwehr hilft, wo andere Hilfe brauchen.

🚑 Rettungsdienst (112)
Sie kümmern sich um verletzte oder kranke Menschen.
👉 Sie haben: einen Rettungswagen, Tragen, Verbände, Sauerstoff und ganz viel Erste-Hilfe-Wissen!

👮 Polizei (110)
Die Polizei sorgt für Sicherheit. Sie regelt den Verkehr, sichert Unfallstellen und hilft bei Streit oder Gefahr.

 Technisches Hilfswerk (THW)

Das THW hilft bei schweren Einsätzen:
z. B. wenn ein Haus einstürzt, Wasser abgepumpt werden
muss oder große Geräte gebraucht werden.

> **Merksatz:**
> Alle Einsatzkräfte arbeiten zusammen – wie ein Team! 🐻

REGELN UND VERHALTEN IN DER FEUERWEHR

Bei uns in der Feuerwehr gibt es wichtige Regeln. Sie sorgen dafür, dass niemand verletzt wird und dass wir als Team gut zusammenarbeiten.

Regel Nr. 1:
Die Betreuer haben immer recht.

(...und wenn nicht, gilt trotzdem: siehe Regel 1! 😄)

🔘 **Was du darfst:**

- Fragen stellen – immer!
- Beim Üben mitmachen
- Anderen helfen
- Geräte gemeinsam mit einem Betreuer benutzen
- Vorschläge machen
- Spaß haben – mit Köpfchen!

⚠️ **Was du nicht darfst:**

- Ohne Erlaubnis Geräte vom Fahrzeug nehmen
- Geräte oder Armaturen werfen oder hinschmeißen
- Rennen oder raufen am Fahrzeug oder auf dem Platz
- Ohne Helm mit dem Fahrrad kommen
- Allein in Fahrzeughalle oder Einsatzfahrzeug gehen
- Schutzausrüstung einfach anziehen, wenn kein Dienst ist
- Andere auslachen oder ärgern – wir sind ein Team!

> **Merksatz:**
> Fragen ist erlaubt –
> einfach machen nicht!

 **Disziplin ist wichtig.**

Feuerwehr ist cool – aber auch ernst. Wir üben, damit wir im Ernstfall helfen können. Dafür braucht es Respekt, Aufmerksamkeit und Teamgeist.

UNSERE SCHUTZAUSRÜSTUNG

Wenn wir üben oder helfen, tragen wir besondere Kleidung.

Sie schützt uns vor Hitze, Schmutz, scharfen Kanten und vielen Gefahren.

☞ Ohne Schutz geht's nicht – Sicherheit ist bei der Feuerwehr das A und O!

✋ **Das gehört zur Grundausrüstung:**

👤 **Schutzhelm**

– schützt deinen Kopf vor herabfallenden Dingen

🗄 **Jacke (Allwetter- oder Uniformjacke)**
– schützt den Oberkörper
– hat Reflektorstreifen, damit du gesehen wirst

▮ **Latzhose / Bundhose**
– schützt deine Beine
– mit Reflektorstreifen

🧤 **Sicherheitshandschuhe**

– schützen deine Hände beim Arbeiten

👢 **Feste (Sicherheits)schuhe**
– mit Stahlkappe und durchtrittsicherer Sohle
– schützen deine Füße z. B. vor schweren Geräten

✏ **Die Kleidung muss:**
☑ gut sitzen
☑ sauber & ganz sein
☑ vollständig getragen werden

> 💡 **Merksatz:**
> Ohne Schutz – kein Dienst!

Zusätzliche Schutzausrüstung

Flammschutzhaube

Atemschutz

Funkgerät

FEUERWEHR
Warnweste

Gehörschutz

Haltegurt

Beil / Axt

Gesichtsschutz

Schnittschutz

Schutzanzug

Taucher-Ausrüstung

✳ RÄTSEL-SEITE: BIST DU BEREIT FÜR DIE FEUERWEHR?

🔥 Teil 1: Richtig oder Falsch?

1. Die Feuerwehr löscht nur Brände.
   Ⓐ richtig Ⓑ falsch

2. Wenn ich einen Helm trage, darf ich allein im Fahrzeug sitzen.
   Ⓐ richtig Ⓑ falsch

3. Schläuche und Armaturen gehören in die Badewanne.
   Ⓐ richtig Ⓑ falsch 😄

4. Beim THW gibt es große Geräte, z. B. Bagger.
   Ⓐ richtig Ⓑ falsch

5. Wenn ich etwas nicht verstehe, darf ich fragen.
   Ⓐ richtig Ⓑ falsch

☁ Was hast du gelernt?

✅ **Ich kann jetzt:**

☐ erklären, was die Feuerwehr macht

☐ sagen, wer noch hilft (Polizei, Rettung, THW)

☐ die Schutzausrüstung benennen

☐ mich an die wichtigsten Regeln erinnern

✏ Teil 2: Was gehört zusammen?
Ziehe eine Linie oder verbinde:

📱 Spreizer   🔧 Gerät zum Aufdrücken von Türen

👤 Helm   ☁ Schutz für den Kopf

🚑 Rettungswagen   🖊 Hilft kranken oder verletzten Menschen

🔥 Feuerdreieck   💨 Sauerstoff, Wärme, Brennstoff

🧤 Handschuhe   🖐 Schutz für die Hände

🤔 Teil 3: Was stimmt hier nicht?

Edda kommt mit Flipflops zum Dienst.
Sie nimmt sich einen Schlauch aus dem Fahrzeug und schwenkt ihn herum.
Danach klettert sie auf das Dach vom TSF-W, um „Feuerwehr-Superstar" zu spielen.

❓Was hat Edda alles falsch gemacht? Kreuze an:

☐ Flipflops
☐ Ohne Erlaubnis Gerät genommen
☐ Aufs Fahrzeug geklettert
☐ Sie hat alles richtig gemacht

 # NOTRUF UND ERSTE HILFE

☎ DER NOTRUF – HILFE HOLEN IST WICHTIG!

👧 Manchmal reicht ein Pflaster nicht aus.

Dann musst du Hilfe holen.

Du kannst laut rufen:

👉 „Hilfe! Kommt schnell! Jemand hat sich verletzt!"

Oder du rufst die **112** an.

Das ist die Nummer für Feuerwehr und Rettungsdienst. 🚒🚑

📞 Der Notruf – ganz einfach!

Wenn du bei der 112 anrufst, wirst du gefragt:

1 Wo ist es passiert?

🏠 Straße, Hausnummer, Ort

2 Was ist passiert?

🩹 Unfall? Feuer? Jemand verletzt?

3 Wie viele sind verletzt?

👨‍👩‍👧 1 Person oder mehr?

4 Welche Verletzung?

🦴 Bein gebrochen? Blutet jemand?

5 Warten auf Rückfragen!

👆 Nicht gleich auflegen!

> 💡 **Merksatz:**
> Hilfe holen ist mutig – nicht peinlich!

🍀 Kleine Aufgabe:

Setze die richtige Zahl ein:

Die Nummer der Feuerwehr ist ___ ___ ___

☐ 119 ☐ 112 ☐ 911

WAS IST ERSTE HILFE?

 Hallo, kleine Helferin! Hallo, kleiner Helfer!

Manchmal passiert etwas: Ein Kind fällt hin, stößt sich den Kopf oder schneidet sich am Papier.

Dann ist es toll, wenn jemand helfen kann. Und das kannst DU! 💪

🧸 Was ist Erste Hilfe?

Erste Hilfe heißt:

💬 „Ich helfe, bis Erwachsene oder der Rettungsdienst da sind."

Dazu gehört:

✋ Trösten („Ich bin bei dir!")

📞 Hilfe holen (z. B. Mama, Papa, Lehrer*in oder die 112)

🩹 Kleine Wunden versorgen (Pflaster drauf!)

❄️ Kühlen – z. B. bei einer Beule oder wenn etwas heiß war
  👉 Am besten mit einem Kühlpack in ein Tuch gewickelt
  👉 Nie direkt auf die Haut!

💬 Ich tröste dich! – Was könntest du sagen?

☐ „Ich bleibe bei dir."
☐ „Es wird gleich besser."
☐ „Ich hole Hilfe."
☐ „Hier hast du mein Kuscheltier." 🧸
☐ „Ich klebe dir ein Pflaster drauf, ganz vorsichtig."
☐ „Du bist mutig!" 💪
👉 Kreuze an, was du sagen würdest.

💡 Beispiel:

Marlene ist hingefallen. Ihr Knie ist aufgeschürft. Du bleibst bei ihr, sagst:

👉 „Ich hole Hilfe!"
Dann bringst du ein Pflaster. Marlene lächelt wieder. 😊

PFLASTER, VERBÄNDE & KÜHLEN – WAS HILFT WANN?

Manchmal reicht ein Pflaster – manchmal braucht man mehr.

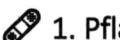 1. Pflaster

Wann?

Bei kleinen Kratzern oder Schürfwunden

Wie?

1 Hände waschen

2 Wunde vorsichtig sauber machen

3 Pflaster aufkleben

Was ist das?

Ein Pflaster hat einen weichen Mittelteil, der die Wunde schützt, und zwei Klebestreifen, damit es hält.

💡 **Tipp:** Nicht pusten – lieber sauber machen und zudecken!

> 💭 **Neue Wörter erklärt:**
>
> **Kompresse** = weiches Wundtuch
> **Verband** = Stoffrolle zum Fixieren
> **Steril** = ganz sauber (wie beim Arzt)
> **Prellung** = eine Art Beule oder blauer Fleck

2. Verband anlegen

Wann?

Wenn es mehr blutet oder die Wunde größer ist

Wie?

1 Kompresse (weiches, sauberes Tuch) auf die Wunde

2 Mit einem Verband fest umwickeln

3 Hilfe holen!

Was ist „steril"?

„Steril" heißt: Ganz sauber, ohne Bakterien oder Schmutz. Sterile Sachen sind in Folie verpackt – die darf nur mit sauberen Händen geöffnet werden!

💡 **Tipp:** Nichts direkt anfassen, was in die Wunde kommt!

❄ 3. Kühlen

Wann?

Bei Beulen, Prellungen oder leichten Verbrennungen

Wie?

1 Kühlpack in ein Tuch wickeln

2 Nicht direkt auf die Haut!

3 10–15 Minuten kühlen

Warum?

Kälte hilft, dass die Stelle nicht anschwillt oder mehr wehtut.

BLUTENDE WUNDEN: WAS TUN?

Blut sieht oft schlimmer aus, als es ist.
Wichtig ist: Ruhe bewahren und helfen.

Was tun bei einer blutenden Wunde?

1 Hände waschen (oder Einmalhandschuhe tragen, wenn möglich)

2 Wunde nicht anfassen!

3 Eine sterile Kompresse (sauberes Wundtuch) auflegen

4 Mit einem Verband oder Tuch festhalten

5 Hilfe holen (Erwachsener oder Notruf)

6 Die verletzte Person beruhigen und bei ihr bleiben

Neue Wörter erklärt:

Kompresse = ein kleines, sauberes Tuch für Wunden
Blutung = Wenn Blut aus dem Körper kommt
Druckverband = ein fester Verband, der hilft, Blutungen zu stoppen

Wichtige Tipps:

- Nicht pusten!
- Nicht auf die Wunde drücken, wenn etwas drin steckt!
- Nicht wegrennen! – Bleib ruhig und hilf mit.

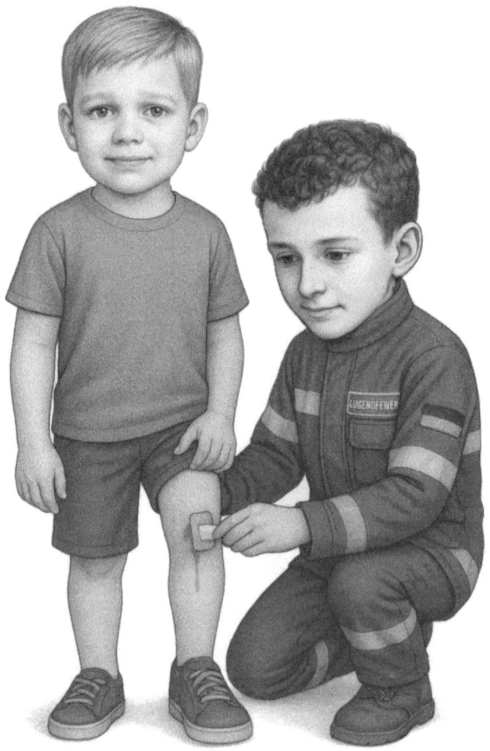

Merksatz:
Ich drücke nicht – ich decke ab!

Kleine Aufgabe: Was stimmt?

Ich darf eine blutende Wunde anfassen.
☐ Ja ☐ Nein

Ich lege eine saubere Kompresse drauf.
☐ Ja ☐ Nein

Ich renne ganz schnell weg.
☐ Ja ☐ Nein

VERBRENNUNGEN: WAS TUN?

Feuer, heißes Wasser oder Herdplatten – das kann ganz schön weh tun.
Wichtig: Schnell und richtig reagieren!

🔥 Was tun bei einer Verbrennung?

1 Weg von der Hitze!
Zuerst sich oder andere in Sicherheit bringen.

2 Kühlen!
– Mit kühlem (nicht eiskaltem!) Wasser
– Am besten 10–15 Minuten lang
– Kein Eis und nicht direkt auf die Haut legen!

3 Nichts drauf machen!
– Keine Cremes
– Keine Zahnpasta
– Kein Öl oder Hausmittel

4 Nicht aufstechen!
Wenn Blasen entstehen: so lassen!

5 Hilfe holen!
Wenn es groß oder schlimm aussieht
– 112 anrufen!

💡 Merksatz:
Feuer ist heiß – Wasser reicht!

✖ Kleine Aufgabe: Was stimmt?

Ich kühle mit warmem Wasser.
☐ Ja ☐ Nein

Ich schmiere Zahnpasta drauf.
☐ Ja ☐ Nein

Ich hole Hilfe.
☐ Ja ☐ Nein

💭 Neue Wörter erklärt:

Verbrennung = wenn die Haut durch Hitze beschädigt ist

Brandblase = eine Blase mit Flüssigkeit, entsteht bei starker Hitze

Kühlen = hilft, dass es nicht schlimmer wird

WAS IST SCHOCK? UND WIE HELFE ICH?

Ein **Schock** ist kein Erschrecken – sondern ein **Notfall** im Körper!

👤 Wenn jemand blass wird, zittert oder sogar ohnmächtig wird,
hat der Körper zu wenig Blut oder Sauerstoff – das ist ein **Schockzustand**.

😲 **Woran erkenne ich einen Schock?**

Die Person ist **blass**

Sie ist **unruhig oder ganz still**

Sie **zittert oder friert**

Sie hat vielleicht **kalte, feuchte Haut**

Sie wirkt **verwirrt oder müde**

> ❗ **Wichtig:**
>
> Ein Schock kann z. B. nach einem Unfall mit viel Blut oder starker Angst entstehen.
> Er ist **lebensgefährlich**, wenn man nicht hilft!

🔢 **Was kann ich tun?**

1 **Hilfe holen!** – Sofort einen Erwachsenen oder die **112**

2 **Hinlegen lassen!** – Beine leicht hoch

3 **Zudecken!** – Mit Jacke oder Decke

4 **Beruhigen!** – Ruhig sprechen: „Ich bin da, Hilfe kommt."

5 **Nichts zu essen oder trinken geben!**

> 💡 **Merksatz:**
> Schock = schnell Hilfe holen und ruhig bleiben

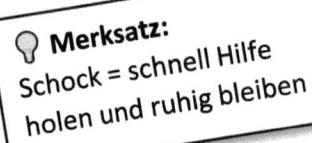

✤ **Kleine Aufgabe:**

Was solltest du bei einem Schock tun?
☐ Beine hoch   ☐ Cola geben   ☐ Hilfe rufen   ☐ Zudecken   ☐ Weglaufen

SANITÄTSGERÄTE IM FEUERWEHREINSATZ

Für die **Erste Hilfe** sind in jedem Feuerwehrfahrzeug verschiedene **Sanitätsgeräte** verladen.

Sie helfen bei der Versorgung **verletzter oder erkrankter Personen** – und unterstützen die Feuerwehrleute beim Retten.

Krankentrage

Zum **Transportieren von verletzten oder verunfallten Personen**.
Wird oft zu zweit getragen.

Decke

Zum **Zudecken und Wärmen** – besonders wichtig bei **Schock oder Kälte**.

Rettungstuch / Korbtrage / Schaufeltrage

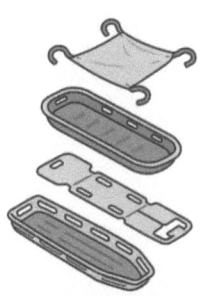

Zum **Retten und Tragen von Personen aus schwierigem Gelände**
(z. B. Wald, Treppen, Baustelle).
• **Rettungstuch** ist leicht & faltbar
• **Korbtrage** ist stabil & sicher
• **Schaufeltrage** ist teilbar – perfekt bei Rückenschmerzen

---

Sanitätstasche / Verbandskasten

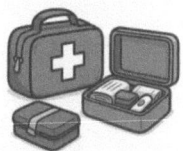

Hier sind **alle Erste-Hilfe-Materialien** drin, z.B.:
Pflaster, Verbände, Handschuhe, Schere, Beatmungstuch, Dreiecktuch

---

Beatmungsbeutel

Hilft bei der **Wiederbelebung**.
Man drückt den Beutel zusammen – so kommt Luft in die Lunge.

Rettungshaube

Zum **Retten von Personen aus verrauchten Räumen**.
Man zieht sie über den Kopf – sie schützt vor Rauch und Gas.

⚡ Defibrillator

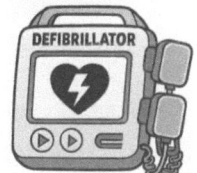

Ein **medizinisches Gerät**, das bei Herzproblemen helfen kann.
Es gibt **einen gezielten Stromstoß**, wenn das Herz nicht mehr richtig schlägt.

✿ KANN ICH ERSTE HILFE? – DEIN FEUERWEHR-RÄTSEL

✓ Teil 1: Was passt zusammen? Verbinde!

Pflaster   ✐ kleiner Kratzer

Kühlpack   ❄ Beule oder Verbrennung

Kompresse   🗍 auf eine blutende Wunde

Beine hoch   🧍 bei Schock

Notruf 112   ☎ wenn Hilfe gebraucht wird

❓ Teil 2: Richtig oder falsch?

Ich darf Zahnpasta auf eine Verbrennung schmieren.
☐ Richtig   ☐ Falsch

Blut ist eklig, also gehe ich schnell weg.
☐ Richtig   ☐ Falsch

Ich darf fragen, wenn ich nicht weiß, was zu tun ist.
☐ Richtig   ☐ Falsch

Ich rufe bei einem Unfall die 119 an.
☐ Richtig   ☐ Falsch

„Ich bin da, Hilfe kommt" ist ein guter Satz zum Trösten.
☐ Richtig   ☐ Falsch

✐ Teil 3: Was fehlt im Erste-Hilfe-Kasten?

Was gehört NICHT hinein? Kreuze an!

☐ Handschuhe
☐ Pflaster
☐ Saft
☐ Kühlpack
☐ Verband
☐ Bonbon

♥ **Merksatz zum Abschluss:**
Erste Hilfe ist keine Hexerei – aber superheldenstark!

WAS IST FEUER ÜBERHAUPT?

Feuer kann nützlich sein...

Früher hatten die Menschen nur Feuer, um zu überleben:

🔥 zum Kochen

🕯 für Licht

🔥 für Wärme

Auch heute benutzen wir Feuer – z. B. beim Grillen, im Kamin oder in der Kerze.

→ Das ist gutes Feuer, wenn Erwachsene aufpassen.

...aber auch gefährlich!

Wenn Feuer außer Kontrolle gerät, wird es schnell gefährlich.
Dann sprechen wir von einem Schadenfeuer.

Ein Schadenfeuer kann:

- Dinge zerstören
- Menschen und Tiere verletzen
- Rauch und giftige Gase bilden

→ Deshalb lernen wir, wie man Feuer versteht und verhindert.

> 💡 **Merksatz:**
>
> Feuer ist nützlich – aber nur,
> wenn wir es im Griff haben!

 Kleine Aufgabe: Was ist „gutes" Feuer – und was ist gefährlich?

Setze ein ☑ oder ✖

Kerze auf dem Tisch mit Erwachsenen dabei: _____

Lagerfeuer im Sommer ohne Aufsicht: _____

Grillen mit Papa im Garten: _____

Feuerzeug im Kinderzimmer: _____

DAS FEUERDREIECK

Damit Feuer brennen kann, braucht es drei Dinge.
Diese bilden das Feuerdreieck. Fehlt auch nur eines – geht das Feuer aus!

Beispiele: Holz, Papier, Öl, Kleidung,
Stroh, Benzin

1. Brennbarer Stoff

→ Das ist alles, was brennen kann.

2. Sauerstoff (Luft)

→ Ohne Luft kein Feuer!
Beispiele: Wenn du ein Glas über eine Kerze stülpst, geht sie aus – weil kein Sauerstoff mehr da ist!

Beispiele: Streichholz, Feuerzeug,
Funken, Sonne durch eine Lupe!

3. Wärme (Zündquelle)

→ Das ist das, was das Feuer startet.

🔥 Wenn eins fehlt…?

Dann geht das Feuer aus!
Deshalb löschen wir z. B. so:

⬤ Mit Wasser → nimmt die Wärme

◕ Mit Löschdecke → nimmt den Sauerstoff

◯ Mit Aufräumen → nimmt den brennbaren Stoff

💡 **Merksatz:**
Kein Feuer ohne 3 Ecken –
das **Feuerdreieck**!

WIE LÖSCHT MAN RICHTIG?

Feuer löschen heißt: **dem Feuer etwas wegnehmen.**
Du erinnerst dich? → **Feuer braucht 3 Dinge.**
→ Wir nehmen ihm eines davon – und schon geht's aus!

1. Wärme weg – mit Wasser

→ Wasser **kühlt** das Feuer.
Beispiel: Lagerfeuer, brennendes Holz

2. Brennbares weg – z. B. Holz entfernen

→ Wenn nichts mehr zum Brennen da ist,
verhungert das Feuer.
Beispiel: Kerze auspusten & Docht wegschieben

3. Sauerstoff weg – z. B. mit Löschdecke

→ Das Feuer bekommt **keine Luft mehr**
Beispiel: brennende Pfanne mit **Deckel** abdecken

 Achtung bei Fettbrand!

🔥 Wenn Öl in der Pfanne brennt:
✖ **Nie Wasser verwenden!** – Es gibt eine gefährliche Explosion!
☑ **Deckel drauf oder Löschdecke verwenden.**

💡 **Merksatz:**
Erst denken – dann löschen!

✖ **Kleine Aufgabe: Was würdest du nehmen?**

1. 🔥 Lagerfeuer → ☐ Wasser ☐ Schokokeks ☐ Sand

2. 🔥 Pfanne mit brennendem Öl → ☐ Wasser ☐ Deckel ☐ Fön

3. 🔥 Kerze auf dem Tisch → ☐ Auspusten ☐ Gießkanne ☐ Matsch

BRANDKLASSEN – WAS BRENNT DENN DA?

🔥 **Nicht jedes Feuer ist gleich!**

Es gibt verschiedene **Brandklassen** – sie zeigen,
was da genau brennt und **wie man es löschen darf**.

→ Jede Klasse hat einen **Buchstaben und ein Symbol**.
→ So weiß man: **Welches Feuer darf ich wie löschen?**

💡 **Merksatz:**
Nicht jedes Feuer löscht man gleich – sonst wird's gefährlich!

Brandklasse A – Feste Stoffe

Symbol: A (Holz-Symbol)
Beispiel: Holz, Papier, Kleidung, Möbel
Löschmittel: ✅ Wasser, Schaum
Achtung: Glutnester beachten – gut nachlöschen!

Brandklasse B – Flüssigkeiten

Symbol: B (Flamme über Flüssigkeit)
Beispiel: Benzin, Alkohol, Lacke
Löschmittel: ✅ Schaum, Pulver
⚠️ **Kein Wasser!** → Explosionsgefahr!

Brandklasse C – Gase

Symbol: C (Flamme mit Gasflasche)
Beispiel: Propan, Butan, Erdgas
Löschmittel: ✅ Pulver
Achtung: Nur löschen, wenn Gaszufuhr abgestellt ist!

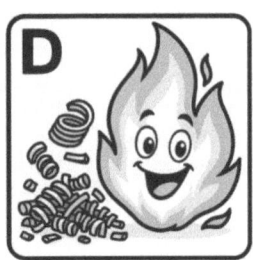

Brandklasse D – Metalle

Symbol: D (Flamme mit Metallstücke)
Beispiel: Aluminium, Magnesium (z. B. in Werkstätten)
Löschmittel: ✅ Spezialpulver
⚠️ **Kein Wasser!** → Explosion, große Hitze!

Brandklasse F – Fette & Öle

Symbol: F (Pfanne mit Flamme)
Beispiel: Frittieröl, Speiseöl in der Küche
Löschmittel: ✅ Fettbrandlöscher
⚠️ **Niemals mit Wasser!** → Feuerball!

🧩 KANN ICH FEUER VERSTEHEN? – DEIN BRANDLEHRE-RÄTSEL

✅ Teil 1: Was passt zusammen? Verbinde!

🔥 Begriff	➡️ Bedeutung
Feuerdreieck	🔺 Drei Dinge, die Feuer braucht
Sauerstoff	💨 Luft zum Brennen
Brennbares	Holz, Papier, Benzin...
Wärme	🔥 Zündquelle, z. B. Streichholz
Löschdecke	🛑 Nimmt dem Feuer die Luft

❓ Teil 2: Richtig oder falsch?

Aussage	**☐ Richtig ☐ Falsch**
Feuer kann auch nützlich sein.	
Wenn ich Wasser auf brennendes Öl gieße, ist das gut.	
Ohne Sauerstoff kann kein Feuer brennen.	
Das Feuerdreieck besteht aus vier Teilen.	
Ich darf bei einem kleinen Feuer Erwachsene rufen.	

✏️ Teil 3: Was fehlt hier?

Welche der drei Dinge braucht ein Feuer? Kreuze an!

☐ Strom
☐ Brennbares
☐ Spielzeug
☐ Sauerstoff
☐ Kartoffeln
☐ Wärme

💡 **Merksatz:**

Wenn dem Feuer etwas fehlt – geht es aus!

Löschen heißt: dem Feuer etwas wegnehmen.

WO KANN ES BRENNEN? WAS IST GEFÄHRLICH?

Feuer kann fast überall entstehen – oft da, wo man gar nicht damit rechnet! 😮
Deshalb ist es wichtig, **Gefahren früh zu erkennen**.

⚠ Typische Brandgefahren im Alltag:

- 🕯 **Kerzen ohne Aufsicht** (besonders an Weihnachten)
- 🔌 **Mehrfachsteckdosen überladen**
- 🍳 **Herdplatte angelassen**
- 🚬 **Zigaretten** (z. B. im Wald weggeworfen!)
- 🎆 **Feuerwerk in der Nähe von Häusern oder Bäumen**
- 🔥 **Lagerfeuer ohne Wasser bereit**

⬛ Was kannst du tun?

- **Erwachsene fragen**, bevor du mit Feuer hantierst
- **Elektronik nie allein benutzen**
- **Kerzen nie allein anzünden**
- **Stecker ziehen**, wenn du fertig bist
- **Fenster kippen, nicht offen lassen**, wenn Kerzen brennen

> 💡 **Merksatz:**
> Feuer fängt oft klein an – aber wird schnell groß!

🧩 Aufgabe: Was ist hier gefährlich?

1. Kerze steht auf dem Tisch neben einem Vorhang
   ☐ Sicher   ☐ Gefährlich

2. Mama grillt mit dir im Garten, Wasser steht bereit
   ☐ Sicher   ☐ Gefährlich

3. Du zündest ein Teelicht heimlich in deinem Zimmer an
   ☐ Sicher   ☐ Gefährlich

4. Papa achtet auf die Kerzen am Adventskranz
   ☐ Sicher   ☐ Gefährlich

RICHTIGES VERHALTEN IM BRANDFALL

Wenn es brennt, ist das Wichtigste: **Ruhig bleiben und richtig handeln.**
Du bist mutig – aber du musst nicht alles allein machen!

🔥 Was du tun sollst:

1 Ruf um Hilfe!
„Hilfe! Es brennt!" – oder ruf die **112**.
Wenn Erwachsene da sind: **sofort Bescheid sagen.**

2 Verlass das Gebäude!
Keine Sachen mitnehmen – **du bist am wichtigsten!**

3 Geh nicht durch Rauch!

→ **Krabbel unter dem Rauch hindurch,**
wenn du musst.

→ Rauch ist **giftig** und kann sehr gefährlich sein!

4 Tür prüfen, bevor du öffnest:

→ Ist sie heiß?
  → **Nicht öffnen!** Dahinter kann Feuer sein.

→ Nicht heiß?
  → Öffne langsam – wenn Rauch kommt,
sofort schließen!

5 Warte draußen auf Hilfe!
→ **Nicht zurück ins Haus!**
→ **Niemals verstecken!** Feuerwehr muss dich finden können!

💡 **Merksatz:**
Nicht verstecken – sondern raus und Hilfe holen!

✚ WENN ES IM ZIMMER BRENNT

😱 Du bist im Raum, und plötzlich brennt es z. B. an einer Steckdose oder Vorhang!

Was sollst du tun?

1 Ruf laut: „Hilfe! Es brennt!"

➡ So laut rufen, wie du kannst! (Damit dich andere schnell hören.)

➡ Mehrmals rufen! (Falls jemand den ersten Ruf nicht hört.)

2 Verlass SOFORT das Zimmer!

➡ Nichts mitnehmen

➡ Tür schließen – damit das Feuer nicht weiterkommt

💡 **Merksatz:**

Raus aus dem Zimmer – Tür zu – laut rufen!

3 Renn nicht durch Rauch – krabbel drunter durch!

➡ Rauch ist gefährlich! (Schon wenige Atemzüge können schaden.)

➡ Oben ist der meiste Rauch, unten ist die Luft besser!

➡ **Schütze Mund und Nase**, z. B. mit einem Tuch oder Ärmel! (Wenn möglich.)

➡ **Schnell, aber vorsichtig zum Ausgang!** (Keine Panik – ruhig bleiben.)

4 Geh nach draußen oder zur nächsten sicheren Stelle.

➡ Schnell ins Freie! (Draußen bist du in Sicherheit.)

➡ Nie zurück ins brennende Haus laufen! (Auch nicht, um etwas zu holen.)

5 Warte auf Hilfe! (z. B. Feuerwehr, Eltern, Nachbarn)

➡ Bleib an deinem sicheren Platz! (Nicht weglaufen oder verstecken.)

➡ Mach auf dich aufmerksam! (Winken, Rufen – damit dich Helfer sehen.)

➡ Vertrau auf die Feuerwehr und Erwachsene! (Sie wissen, was zu tun ist.)

➡ Sei tapfer und bleib ruhig! (Hilfe kommt ganz schnell!)

✚ WENN ES AUSSERHALB BRENNT

📕 Du bist im Zimmer – aber draußen im Flur ist Rauch oder Feuer!

Was sollst du tun?

1 **Bleib im Zimmer!**

   → Wenn die Tür heiß ist → **Nicht öffnen!**

2 **Mach die Tür zu – und dicht!**

   → Ein Handtuch oder Decke unten in den Türspalt

3 **Geh ans Fenster!**

   → Rufe laut und winke:

   „Hier bin ich! Ich brauche Hilfe!"

4 **Warte ruhig, bis die Feuerwehr kommt.**

   → Sie holt dich raus – du bist sicher!

> ### Nicht verstecken – sichtbar bleiben!
>
> Wenn es brennt: **Verstecken macht es schlimmer!**
> Die Feuerwehr kann dich dann **nicht finden** – das ist gefährlich!

Was du stattdessen tun sollst:

- ☑ **Leg dich auf den Boden**
  – da ist die Luft am saubersten
- ☑ **Bleib in der Nähe der Tür**,
  aber nicht direkt davor
- ☑ **Mach auf dich aufmerksam:**
  Rufen, winken, zappeln 😄
- ☑ **Zeig dich im Fenster**,
  wenn dort kein Rauch ist

> 💡 **Merksatz:**
>
> Drin bleiben – rufen – am Fenster sichtbar machen – besonders wenn es dunkel ist, in der Nähe der Tür bleiben!

☑ WAS ICH JETZT KANN (CHECKLISTE)

☐ Ich weiß, was Feuer ist und wofür man es braucht
☐ Ich kenne das Feuerdreieck
☐ Ich kann sagen, wie man Feuer löschen kann
☐ Ich erkenne Brandgefahren im Alltag
☐ Ich weiß, wie ich mich im Brandfall verhalte
☐ Ich weiß, was ich tun muss, wenn es im oder außerhalb des Zimmers brennt
☐ Ich weiß, dass ich mich niemals verstecken darf
☐ Ich kann die 112 rufen und richtig erklären, was passiert ist

---

RÄTSEL ZUM SCHLUSS: FEUER-PROFI ODER FEUER-FLUMMI?

Teil 1: Richtig oder falsch?

Wenn die Steckdose raucht, kann ich da ruhig mal pusten.

☐ Richtig ☐ Falsch

Feuer braucht Luft, Wärme und etwas zum Brennen.

☐ Richtig ☐ Falsch

Ich verstecke mich unter dem Bett, wenn's brennt.

☐ Richtig ☐ Falsch

Ich darf alleine mit Kerzen spielen, wenn ich vorsichtig bin.

☐ Richtig ☐ Falsch

Wenn es draußen brennt, bleibe ich im Zimmer und rufe am Fenster.

☐ Richtig ☐ Falsch

Teil 2: Was fehlt im Feuerdreieck?

■ Brennbares Material ■ ? ■ Sauerstoff

☐ Milch
☐ Wärme
☐ Schokolade

✏ Teil 3: Finde die Fehler!

Max zündet eine Kerze in seinem Zimmer an. Er stellt sie auf den Vorhang.
Dann verlässt er das Zimmer und lässt sie brennen, weil er sein Tablet suchen will.

❓ Was hat Max alles falsch gemacht?

☐ Kerze ohne Aufsicht
☐ Kerze beim Vorhang
☐ Zimmer verlassen
☐ Alles richtig gemacht

✏ Teil 4: Findest du die Fehler im Suchbild?

✅ Fünf Fehler findest du ganz schnell!

1 _____

2 _____

3 _____

4 _____

5 _____

WAS STECKT IM FEUERWEHRFAHRZEUG?

🚒 **Unser Fahrzeug ist wie ein rollender Werkzeugkasten!**

Darin stecken alle wichtigen Dinge, die wir im Einsatz brauchen:
zum **Löschen**, **Retten**, **Absichern** und **Helfen**.

📻 **Was ist im Fahrzeug?**

🔺 **Schläuche** – um Wasser dahin zu bringen, wo's brennt

🔧 **Strahlrohre** – um Wasser gezielt abzugeben

🔲 **Schlauchtragekorb** – um Schläuche schnell ausrollen zu können

🔧 **Verteiler** – damit man aus einer Leitung mehrere machen kann

Armaturen – Übergangsstücke, Kupplungen, Verteiler, Hydrantenschlüssel

⚠️ **Absperrmaterial** – Kegel, Blitzleuchte, Warndreieck

🔦 **Beleuchtung** – Scheinwerfer, Akkuleuchten, Lichtmast

🛠️ **Werkzeug** – Axt, Halligan-Tool, Brechstange (je nach Fahrzeug)

💡 **Merksatz**

Ohne Ausrüstung – keine Hilfe! Unser Fahrzeug ist unser Helfer.

UNSERE FEUERWEHRFAHRZEUGE – ÜBERSICHT

💙 **Für alle (leicht erklärt):**

🚒 TSF / TSF-W – Tragkraftspritzenfahrzeug (mit Wasser)

- Klein & wendig
- Mit Pumpe & Schläuchen
- TSF-W hat einen **Wassertank** an Bord

→ Für kleinere Einsätze und erste Löschangriffe

🚒 LF – Löschgruppenfahrzeug

- Das klassische Feuerwehrauto
- Viel Platz für 9 Personen (Gruppe)
- Hat Wassertank, Pumpe, Schläuche & Ausrüstung

→ Für Brandeinsätze

🦴 HLF – Hilfeleistungslöschgruppenfahrzeug

- Es hat Schläuche, Strahlrohr und Wasser
  – zum Löschen
- Es hat Schere, Spreizer und Werkzeug
  – zum Helfen bei Unfällen

→ Das ist ein besonderes Feuerwehrauto,
das löschen UND retten kann!

> 💡 **Merksatz:**
> HLF kann löschen und retten –
> ein echter Alleskönner!

🐌 TLF – Tanklöschfahrzeug

- Es bringt viel Wasser mit – oft über 3000 Liter
- Es kann auch ohne Hydrant sofort loslöschen
- Wird oft bei Waldbränden oder großen Bränden gebraucht

→ Das ist das Auto mit dem ganz großen Wassertank!

> 💡 **Merksatz:**
> TLF = Tank voll Wasser!

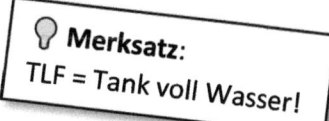

GW – Gerätewagen

- Hat **viele Geräte**, aber keine Mannschaft
- Z. B. für **Ölunfall**, **Strom**, **Atemschutz**

→ Bringt Material nach, das gebraucht wird

MTF – Mannschaftstransportfahrzeug

- Bringt nur Leute, keine Ausrüstung
- Meist ein kleiner Bus

→ Für Fahrten, Wettbewerbe oder Übungen

RTW – Rettungswagen

Der RTW ist das **große, weiße Auto mit Blaulicht**, in dem **die Sanitäter und Notfallsanitäter** sitzen. Darin ist alles, was man braucht, um Menschen zu helfen, wenn sie krank oder verletzt sind.

→ Er fährt **meist mit zum Einsatz**, wenn jemand verletzt ist – auch bei Bränden, Unfällen oder großen Übungen.

Weitere Fahrzeuge – was gibt's noch?

Du dachtest, Feuerwehrfahrzeuge gibt's nur mit Schlauch und Blaulicht?

Von wegen! 😄 Die Feuerwehr hat auch:

- Autos, die **hoch hinaus** wollen (DL(K)),
- Anhänger, die **Schläuche rollen wie Spaghetti**,
- Motorräder, die **flink wie ein Feuerwehrfuchs** flitzen,
- und sogar **Boote für nasse Einsätze**!

→ Denn egal ob **hoch, tief, eng oder nass** – die Feuerwehr ist bereit!

DETAILS & AUSRÜSTUNG

Fahrzeug *Funk- kenner*	Besat- zung	Wasser- tank	Typische Beladung	Einsatzbereich
TSF *47*	Staffel (6)	✖	Tragkraftspritze, Schläuche, Verteiler, Absperrmaterial	Kleine Brände, Grundschutz
TSF-W *48*	Staffel (6)	☑ 500–800 l	wie TSF + Löschwassertank, Schnellangriffseinrichtung	Erstangriff, kleine Brände
LF 10/20 *41-46*	Gruppe (9)	☑ 1000–1600 l	Pumpe, Schnellangriff, Schläuche, Atemschutz, Ausrüstung für Technische Hilfeleistung	Brandeinsatz, THL, Allroundgerät
HLF 10/20 *43*	Gruppe (9)	☑ 1600–2000 l	wie LF +: Schere & Spreizer, Unterbaumaterial, Akkugeräte, Tauchpumpe	Schwerpunkt: THL + Brand
TLF 3000 *20-28*	Staffel (6)	☑ 2400–5000 l	Großer Wassertank, Schläuche, Schnellangriff, Monitor, Grundausrüstung	Waldbrand, Wassertransport
MTF *19*	keine	✖	Bänke, kleine Materialien, manchmal Jugendfeuerwehr-Ausstattung	Transport, Logistik, Ausbildung
GW *50-59*	keine	✖	z. B. Atemschutz, Strom, Gefahrgut, Hygiene	Sonderlagen, Nachschub
RTW *83*	2 (NotSan + RA / SanH)	✖	Trage, Beatmungsgerät, EKG, Infusionen, Sauerstoff, Medikamente, Verbandszeug	Notfälle, Brände, Unfälle

- **Stichwort Rettungskette:** RTW kommt, wenn es Verletzte gibt
- Oft wird bei größeren Einsätzen automatisch der RTW mit alarmiert

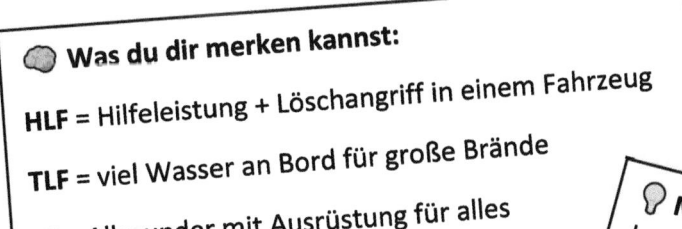

🧠 **Was du dir merken kannst:**

HLF = Hilfeleistung + Löschangriff in einem Fahrzeug

TLF = viel Wasser an Bord für große Brände

LF = Allrounder mit Ausrüstung für alles

TSF = klein, aber wichtig!

💡 **Merksatz:**
Jedes Fahrzeug hat seine Stärken – zusammen sind sie unschlagbar!

WIE HEIßT UNSER FAHRZEUG EIGENTLICH IM FUNK?

Funkkenner – oder auch „Rufnamen" – sind spezielle Bezeichnungen für Feuerwehrfahrzeuge im Funkverkehr.

Damit weiß man **genau**, welches Fahrzeug gemeint ist – egal ob bei der Alarmierung oder beim Einsatz.

🔊 **Beispiel: „Florian Spree-Neiße 10/48/03"**

Klingt kompliziert? Ist eigentlich ganz einfach!

🔍 **So setzt sich der Funkrufname zusammen:**

„Florian"
→ Das ist der **Funkrufname der Feuerwehr** (alle Feuerwehren heißen im Funk „Florian" – benannt nach dem Schutzpatron der Feuerwehr)

„Spree-Neiße"
→ Das ist die **Ortskennung / Funkbezirk**, zu der das Fahrzeug gehört

„10"
→ Die **Stadt oder Gemeinde** – das wird von der Leitstelle festgelegt (10 für Gemeinde Neuhausen/Spree)

„48"
→ Das ist der **Fahrzeugtyp**, also was das Fahrzeug kann

> Leitstelle Lausitz für Florian Spree Neiße 10/48/3, kommen.

> Florian Spree Neiße 10/48/3, hört.

> Einsatz: Baum auf Straße, Richtung Kathlow. Lage unklar, kommen.

> Verstanden. 10/48/3 rückt aus!

◆ *Beispiele für Typkennzahlen:*
- 11 = ELW (Einsatzleitwagen)
- 19 = MTF (Mannschaftstransport)
- 44 = LF 20
- 48 = TSF-W, LF 10 o. ä.

„03"
→ Das ist die **laufende Nummer** in deiner Feuerwehr. Wenn ihr z. B. zwei Fahrzeuge des gleichen Typs habt, wäre das erste die „**1**", das zweite die „**2**".

💡 **Merksatz:**
Funknamen sind wie Spitznamen – nur offiziell, laut und mit Blaulicht! 🚒🚒

🧩 **Mini-Aufgabe:**

Was bedeutet „Florian Spree/Neiße 10/48/3"?

☐ Das ist ein Rettungswagen

☐ Das ist ein Boot

☐ Das ist ein wasserführendes Feuerwehrfahrzeug aus Neuhausen Spree, Nummer 2

UNSER FAHRZEUG – WIE HEIßT DEINS?

Weißt du, wie das Fahrzeug heißt, mit dem ihr bei der Feuerwehr unterwegs seid?

Es gibt viele verschiedene:
LF, TLF, MLF, RW, ELW ... ganz schön viele Buchstaben!
Aber **du kennst bestimmt euer Fahrzeug ganz genau**!

✏️ **Schreibe den Namen eures Fahrzeugs hier hin:**

◆ Name: _____

◆ Funkrufname: _____

🎨 **Male hier euer Fahrzeug!**

(Hat es Blaulicht? Einen Wassertank? Große Reifen? Ein Schlauchboot?)

→ **Tipp:** Frag deine Betreuerin oder deinen Betreuer, wenn du unsicher bist.

🧠 **Was ist alles drauf oder drin?**

Kreise an, was ihr dabei habt:

☐ Kübelspritze
☐ Schlauchtragekörbe
☐ Erste-Hilfe-Tasche
☐ Stromaggregat
☐ Feuerlöscher
☐ Verkehrskegel
☐ Werkzeugkasten
☐ Funkgerät
☐ Lichtmast
☐ Sonstiges: _____

WAS KANN UNSER FAHRZEUG?

Jedes Feuerwehrfahrzeug ist anders ausgestattet.
Was ist bei euch besonders wichtig?
Hier kannst du es aufschreiben oder malen.

🧰 Unsere wichtigsten Geräte:

💬 Und was macht man damit?

💬 Mit dem _____ können wir _____.

💬 Wenn wir _____, brauchen wir _____.

💬 Das _____ hilft uns beim _____.

🎨 Bonus-Idee:
Denk dir dein eigenes Feuerwehrfahrzeug aus!
Was hätte es alles dabei? Einen Pizzabackofen? Eine Hängematte für den Rettungshund?

→ Male oder beschreibe es hier:

✳ WELCHES FAHRZEUG IST DAS?

🚒 Teil 1: Welches Fahrzeug passt zu welchem Einsatz?

Ziehe Linien oder verbinde richtig:

Einsatz	Fahrzeug
🔥 Waldbrand	☐ TLF 3000
🚙 Verkehrsunfall mit Personensuche	☐ HLF 20
🔦 Einsatz bei Nacht – Lichtaufbau	☐ LF 10
👜 Jugendfeuerwehr zum Wettbewerb	☐ MTF
🛏 Verletzte Person am Einsatzort	☐ RTW
🚒 Erkundung, kleiner Zimmerbrand	☐ TSF

🔍 Teil 2: Finde den Fehler!

Kreuze an, was **nicht stimmt**:

> 💬 **Tipp:**
> Der RTW fährt mit Blaulicht – aber **nicht zum Löschen**, sondern zum **Retten!**

1. Ein TSF hat einen 5000-Liter-Tank.
   ☐ Stimmt   ☐ Stimmt nicht

2. Das HLF kann auch bei Bränden eingesetzt werden.
   ☐ Stimmt   ☐ Stimmt nicht

3. Der RTW bringt Geräte zum Löschen mit.
   ☐ Stimmt   ☐ Stimmt nicht

4. Im MTF ist Platz für viele Geräte und Wasser.
   ☐ Stimmt   ☐ Stimmt nicht

✏ Teil 3: Ordne die Ausrüstung zu

Ausrüstung	Fahrzeug
🔧 Schere & Spreizer	☐ _____
💧 Riesiger Wassertank	☐ _____
👥 9 Sitzplätze	☐ _____
🧯 Tragkraftspritze	☐ _____
🛏 Trage & Notfallkoffer	☐ _____

SCHLAUCHKUNDE – DIE FEUERWEHRSCHLÄUCHE

Warum brauchen wir Schläuche?

Feuerwehrschläuche bringen das **Wasser von der Pumpe zur Einsatzstelle**.

→ Ohne sie kann niemand löschen!

Merksatz:
Klein = C, Groß = B – jeder Schlauch hat seine Idee!

✎ Welche Schläuche gibt es?

Schlauchart Durchmesser Wofür wird er genutzt?

D-Schlauch ca. 25 mm   Für Nachlöscharbeiten, Jugendfeuerwehr

C-Schlauch ca. 42 mm   Für Löschangriff, leicht zu tragen

B-Schlauch ca. 75 mm   Für Wassertransport über längere Strecken

A-Schlauch ca. 110 mm   **Ansaugschlauch** – zur Wasserentnahme aus Teich, Fluss

🧰 Wie transportieren wir Schläuche?

- **Schlauchtragekorb** → 3x C-Schlauch, schnell ausrollbar

- **Schlauchhaspel** → meist B-Schläuche, am Fahrzeug befestigt

- **Fahrzeuglagerung** → sauber aufgerollt, getrennt nach Typ

Merksatz:
Je größer der Schlauch, desto mehr Kraft & Teamarbeit braucht man!

⚒ Wichtig zu wissen:

- **Bis Größe C** können Schläuche **allein gekuppelt** werden

- **Ab Größe B** ist **ein zweiter Feuerwehrmann nötig**

- **Bei B** und größer: **Kupplungsschlüssel verwenden!**
  → Damit geht's leichter & sicherer – besonders bei wasserführenden Leitungen

✸ Mini-Aufgabe:

1. Was ist der dickste Schlauch?
   ☐ C ☐ A ☐ D

2. Wofür benutzt man A-Schläuche?
   ☐ Zum Aufwischen
   ☐ Zum Ansaugen aus offenen Gewässern
   ☐ Zum Transportieren

3. Ab welcher Größe sollte man zu zweit kuppeln?
   ☐ D ☐ C ☐ B

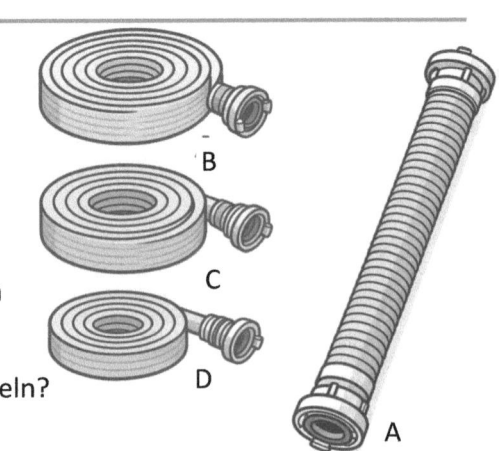

DIE KÜBELSPRITZE

🔳 Was ist eine Kübelspritze?

Die Kübelspritze ist ein **tragbares Löschgerät**, das mit Wasser gefüllt wird
und per **Handpumpe** Wasser aus einer Düse spritzt – fast wie eine Super-Soaker! 😄

→ Wird oft bei **kleinen Entstehungsbränden** verwendet

🛠 So sieht sie aus:

- Ein **Metalleimer mit Deckel**
- Oben ist eine **Pumpe mit Griff**
- Vorne: **Spritzdüse für Wasserstrahl**

🔥 Wann benutzen wir sie?

- Beim **Löschen von kleinen Feuern**
- Beim **Üben in der Kinderfeuerwehr**
- Im **Lager oder Wald**, wenn schnell Wasser

  gebraucht wird

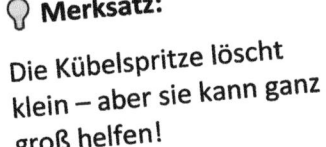

> 💡 **Merksatz:**
>
> Die Kübelspritze löscht
> klein – aber sie kann ganz
> groß helfen!

✳ Mini-Aufgabe:

1. Was ist eine Kübelspritze?
   ☐ Eine Trinkflasche   ☐ Ein Eimer mit Pumpe   ☐ Ein Löschflugzeug

2. Womit löscht sie?
   ☐ Mit Schaum   ☐ Mit Wasser   ☐ Mit Konfetti

WASSERFÜHRENDE ARMATUREN

Was sind wasserführende Armaturen?

Das sind alle Teile, durch die **Wasser fließt** –
sie verbinden, verteilen oder regeln das Wasser im Einsatz.

→ Ohne sie wäre der Schlauch nur ein langes Seil! 😄

🔧 Wichtige Armaturen im Überblick:

Verteiler

- Sieht aus wie ein Dreizack

- 1 Eingang, 2 Ausgänge

- **Teilt das Wasser auf verschiedene Trupps auf**

→ Wird in der **Angriffsleitung** eingesetzt

Strahlrohr

- Kommt **am Ende des Schlauchs**

- Gibt das Wasser ab – **zielgerichtet & regelbar**

- Es gibt verschiedene Arten:

  o Hohlstrahlrohr (regelbar)

  o CM-Strahlrohr (klassisch)

→ Wird vom **Angriffstrupp** bedient

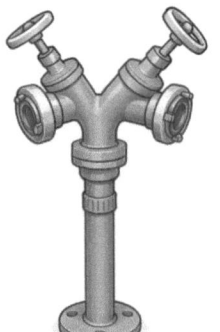

Standrohr

- Wird auf einen **Unterflurhydranten** geschraubt

- Öffnet den Hydranten, damit **Wasser fließen** kann

→ Braucht man bei der **Wasserentnahme aus Hydranten**

Stützkrümmer

- Wird **an das Strahlrohr** gekuppelt (meist bei B-Schlauch)

- **Entlastet den Druck**, damit man besser zielen kann

- Schont Rücken und Arme!

Saugkorb

- Wird beim **Ansaugen von Wasser aus Teich oder Fluss** an den A-Schlauch gekuppelt

- Hat ein **Sieb**, damit keine Steine oder Fische mitgesaugt werden 🐟⊘

- Hat ein **Rückschlagventil**, damit das Wasser nicht zurückläuft

→ Wird vom **Wassertrupp** an der Entnahmestelle eingesetzt

Druckbegrenzungsventil (einfach erklärt)

- Sorgt dafür, dass der **Wasserdruck nicht zu stark** wird

- Gerade bei **kleinen Schläuchen (D)** oder bei der **Kinderfeuerwehr** wichtig

- Sonst kann der Schlauch wegspringen oder platzen

→ Wird zwischen Pumpe & Strahlrohr eingebaut

Zumischer (für Schaum)

- Wird verwendet, wenn **Schaum statt Wasser** gebraucht wird

- Mischt dem Wasser **Schaummittel** bei

- Wird z. B. bei **Autobränden** oder Öl benutzt

→ Der Schaum löscht sanft & deckt das Feuer ab

🐾 **Für die Großen:**

- Zumischer hat meist B-Kupplungen

- Schaummittel muss separat mitgeführt werden

- Wichtig: **Schaum darf nicht ins Grundwasser gelangen!**

> 💡 **Merksatz:**
>
> Ob saugen, schäumen oder schützen – jede Armatur hat ihre Aufgabe!

TS – Die Tragkraftspritze

- Die TS ist eine **tragbare Pumpe**

- Sie wird gebraucht, wenn kein Wasser aus dem Hydranten kommt

- Damit können wir Wasser **aus einem Teich, Fluss oder See** ansaugen

- Sie wird meistens von zwei Leuten getragen (daher: „tragbar")

- Steht z. B. im **TSF**, **TSF-W** oder **extra im Anhänger**

💪 **Leistung**: je nach Modell über **800–1600 l/min**

➡️ Gehört zur **Pflichtbeladung** in vielen kleinen Wehren!

> 💡 **Merksatz:**
> Die TS bringt das Wasser zum Fahrzeug – besonders im Dorf und im Wald!

🪨 Für die Großen:

- Wichtig ist die **Saughöhe** (max. ca. 7–9 m)

- Die TS hat einen eigenen **Motor & Bedienfeld**

- Bedienung erfolgt durch den **Maschinisten**

🔧 **Für die Großen:**

- Auch diese **Armaturen haben Kupplungen** (z. B. Storz)

- Sie müssen **fest & dicht** verbunden werden

- **Ab B-Größe mit Kupplungsschlüssel!** 🔧

> 💡 **Merksatz:**
> Armaturen leiten das Wasser – und helfen beim Einsatz!

🧩 **Mini-Aufgabe:**

Was verhindert, dass Fische angesaugt werden?

☐ Verteiler   ☐ Saugkorb   ☐ Schlauchtragekorb

Wofür ist ein Zumischer da?

☐ Zum Mischen von Farben

☐ Zum Mischen von Schaummittel ins Wasser

☐ Zum Musik hören im Fahrzeug

Wo braucht man einen Druckbegrenzer besonders?

☐ Beim Zeltaufbau

☐ Beim Löschen mit Kindern

☐ Beim Sirenentest

STRAHLROHRE & SCHAUM – SO LÖSCHEN WIR RICHTIG

Warum gibt es verschiedene Strahlrohre?

Je nach Einsatzort brauchen wir mal **viel Wasser**, mal **gezielte Tropfen**, mal **weichen Schaum**.
Dafür gibt es unterschiedliche **Strahlrohre** – jedes hat eine besondere Aufgabe!

 Mehrzweckstrahlrohr (z. B. CM-Strahlrohr)

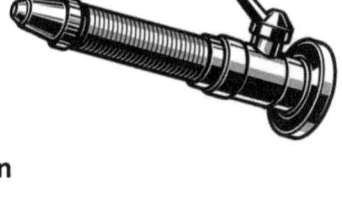

- Klassisch & einfach
- Hat vorne ein **Mundstück** (abschraubbar)
- Drei Einstellungen:
  - **Geschlossen**
  - **Sprühstrahl**
  - **Vollstrahl**
- ◌ Durchflussmenge (Beispiel CM): ca. **100–130 l/min**

→ Wird bei Standard-Löschangriffen verwendet

✎ Hohlstrahlrohr

- Sehr modern & vielseitig
- Wasser kommt als **feiner Nebel oder gebündelter Strahl**
- Einstellbar: Durchflussmenge, Strahlbild, Absperrfunktion
- ⚙ Typisch: 100–230 l/min einstellbar

→ Perfekt bei Innenangriff, Menschenrettung & Hitzeschutz

Pistolenstrahlrohr *(für die Kleinen & THL)*

- Kompakt, leicht zu bedienen
- Wird oft bei Jugendfeuerwehr oder THL benutzt
- Häufig mit **D-Schlauch** kombiniert

🎎 Stützkrümmer – Helfer bei großem Druck!

- Wird z. B. an B-Strahlrohre gekoppelt
- **Nimmt den Rückstoß auf**
- 🔒 Wichtig: **B-Strahlrohre dürfen nur zu zweit gehalten werden!**

Schaumstrahlrohre + Zumischer

Um Schaum zu erzeugen, brauchst du:

1. **Zumischer**
   → Mischt Schaummittel ins Wasser

2. **Schaumstrahlrohr**
   → Je nach Einsatzzweck:

Leichtschaumrohr

Schwerschaumrohr

Art	Konsistenz	Beispiele
Leichtschaum	wie Seifenblasen	z. B. Raumfüllung
Mittelschaum	wie Milchschaum	z. B. Flüssigkeitsbrände
Schwerschaum	wie Rasierschaum	z. B. dicker Schaumteppich

💡 **Merksatz:**
Strahlrohr ist nicht gleich Strahlrohr – jeder Einsatz braucht das Richtige!

→ Der Zumischer hat meist eine **Einstellung von 1% oder 3% Schaummittel**

→ Schaummittel wird aus einem **Kanister mit Ansaugschlauch** zugeführt

---

🔥 Feuerlöscher

Ein **tragbares Gerät**, das **Feuer löschen kann**,
wenn man es **schnell und richtig** einsetzt.

Drückt man oben drauf, kommt **Pulver, Schaum oder CO₂** heraus – das löscht das Feuer.

Wofür benutzen wir ihn?

- **Wenn etwas brennt** und kein Wasser zur Hand ist

- **Für Flüssigkeiten oder Strombrände**

- **Wenn man schnell helfen muss**, bevor die Feuerwehr kommt

💡 **Merksatz:**
Der Feuerlöscher ist klein – aber schnell zur Stelle!

✖️ Mini-Aufgabe:

1. Was darf man nur zu zweit halten?
    ☐ CM-Strahlrohr ☐ Pistolenstrahlrohr ☐ B-Strahlrohr mit Stützkrümmer

2. Was mischt Schaummittel ins Wasser?
    ☐ Mundstück ☐ Zumischer ☐ Strahlrohr

3. Welcher Schaum ist besonders leicht und füllt ganze Räume?
    ☐ Schwerschaum ☐ Leichtschaum ☐ Mittelschaum

TEIL A – GRUNDAUSSTATTUNG (NICHT WASSERFÜHREND)

Kupplungsschlüssel

- Wichtig, um Schläuche und Armaturen fest zu kuppeln

- Es gibt verschiedene Größen (z. B. ABC-Schlüssel)

- **Ab B-Schlauch unbedingt benutzen!**

💬 Ohne Schlüssel = Verletzungsgefahr & undichte Kupplung!

Leinenbeutel

- Enthält eine Feuerwehrleine

- Zum **Sichern, Retten, Anreichen von Geräten**

- Wird oft beim Innenangriff oder bei Höhen eingesetzt

→ Auch beim **Sichern von Strahlrohren** im Obergeschoss

- ● **Rettungsleine** (z. B. rot oder weiß mit roten Markierungen)
- ○ **Arbeitsleine** (z. B. ganz weiß)

→ Farblich gekennzeichnet, unterschiedlich zugelassen

Absperrmaterial

- Pylonen, Blitzleuchte, Warnleuchte, Warndreieck

- Wird zur **Sicherung der Einsatzstelle** genutzt

- Wichtig für den Schutz der Einsatzkräfte

Beleuchtung & Strom

- Akkuleuchten, Handscheinwerfer, Lichtmast

- Stromerzeuger (z. B. tragbarer Notstrom-Aggregat)

→ Für THL-Einsatz, bei Nacht oder im Gebäude

🔧 Werkzeuge & Hilfsmittel

- Axt, Halligan-Tool, Bolzenschneider
- Brecheisen, Handsägen

→ Wird je nach Einsatzart mitgeführt (Brandeinsatz / THL)

⚙ Für die Großen:

- Viele dieser Geräte zählen zu den **Pflichtbeladungen nach Norm**
- Sind meist im **Geräteraum G1 bis G6** verstaut
- **Kennzeichnung und Ordnung** sind sehr wichtig!

> 💡 **Merksatz:**
> Auch ohne Wasser läuft nichts – diese Geräte sichern den Erfolg!

TEIL B – TECHNISCHE GERÄTE & SPEZIALAUSRÜSTUNG

Leitern

Leiterart	Höhe (ungefähr)	Besonderheit
Steckleiter	ca. 8–9 m	Kann geteilt & zusammengesteckt werden
4-teilige Steckl.	ca. 8,40 m	Zwei Trupps können sie gemeinsam aufstellen
Klappleiter (DL)	ca. 2,70 m	Für schnelle Zugänge im Innenbereich

→ Wird zum Retten, Erkunden & Einsteigen verwendet

🛢 Pressluftatmer (PA)

- Wird beim **Atemschutzeinsatz** getragen
- Enthält Druckluft, um im Rauch atmen zu können
- Besteht aus Flasche, Tragegestell, Maske, Lungenautomat
  → Nur mit **Atemschutz-Ausbildung** erlaubt!

Schere & Spreizer (Hydraulik)

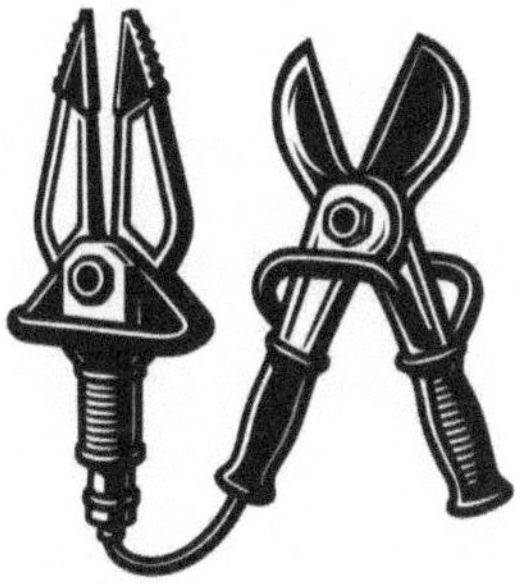

Gerät	Anwendung	Kraft
Spreizer	Öffnet z. B. Autotüren	bis über 300 kN
Schere	Schneidet Bleche / Dachträger	über 100 kN Schneidkraft

→ Gehören zum HLF – Einsatz bei Verkehrsunfällen

Keile & Unterbaumaterial

- Z. B. Holzkeile, Rüstholz, Unterbauplatten
- Werden genutzt um **Fahrzeuge & Trümmerteile** zu sichern
  → Lebenswichtig für die Sicherheit bei THL!

Kettensäge

- Zum Entfernen von umgefallenen Bäumen
- Wird oft bei Sturmeinsätzen gebraucht
  → Nur mit Säge-Schein und zusätzlicher Schutzausrüstung erlaubt!

  (Kopf-, Gesichts-, Gehörschutz, Schnittschutz Handschuhe, - Hose, - Schuhe)

Ölbindemittel

- Granulat zum Aufnehmen von Öl, Benzin, Kraftstoffen
- Wird auf der Straße verteilt & anschließend zusammengekehrt
  → Wichtig bei THL, um Umwelt & Menschen zu schützen

> **Merksatz:**
> Feuerwehr ist mehr als Wasser – wir sind Retter, Helfer, Sicherer!

Mini-Aufgabe:

1. Wofür brauchst du eine Rettungsleine?
   ☐ Zum Ziehen von Schlauchhaspeln ☐ Zum Sichern von Menschen ☐ Zum Absperren
2. Welche Geräte brauchst du bei einem Verkehrsunfall?
   ☐ Strahlrohr ☐ Schere & Spreizer ☐ Kettensäge
3. Was darf man nur mit Zusatzausbildung benutzen?
   ☐ Klappleiter ☐ Pressluftatmer ☐ Kupplungsschlüssel

☑CHECKLISTE – KENNST DU UNSERE AUSRÜSTUNG?

Kreuze an, was du schon gesehen oder erklärt bekommen hast:

🔧 Nichtwasserführende Geräte

☐ Kupplungsschlüssel
☐ Feuerwehrleinen (Rettung & Arbeit)
☐ Absperrmaterial
☐ Licht & Strom
☐ Werkzeug (Axt, Bolzenschneider...)

🚒 Technische Geräte

☐ Steckleiter
☐ Pressluftatmer
☐ Schere & Spreizer
☐ Keile & Unterbaumaterial
☐ Kettensäge
☐ Ölbindemittel

🪓 Strahlrohre & Schaum

☐ Mehrzweckstrahlrohr
☐ Hohlstrahlrohr
☐ Pistolenstrahlrohr
☐ Stützkrümmer
☐ Zumischer
☐ Schaumstrahlrohre
   (leicht / mittel / schwer)

❇ GERÄTEKUNDE-RÄTSELSPAß

🔁 Teil 1: Verbinde richtig!

Gerät	Wofür?
Strahlrohr	☐ a) Zum Löschen mit Wasser
Schere & Spreizer	☐ b) Zum Schneiden & Öffnen bei Unfällen
Saugkorb	☐ c) Damit kein Dreck angesaugt wird
Leinenbeutel	☐ d) Zum Sichern oder Anreichen
Ölbindemittel	☐ e) Saugt Öl von der Straße auf

✗ Teil 2: Was stimmt NICHT?

1. Pressluftatmer ist für gemütliche Gartenpartys.
   ☐ Richtig   ☐ Falsch

2. Der Spreizer öffnet Autotüren nach Unfällen.
   ☐ Richtig   ☐ Falsch

3. Ölbindemittel darf man einfach in den Fluss kippen.
   ☐ Richtig   ☐ Falsch

📦 Teil 3: Was passt wo?

Gehört zu...	Gerät
Strahlrohr	☐ _____
Nichtwasserführend	☐ _____
Technische Hilfe	☐ _____
Sicherheit	☐ _____

💬 **Merksatz zum Abschluss:**
Jedes Gerät hat seine Aufgabe – und du kennst sie jetzt alle!

WASSER MARSCH! WASSERENTNAHME & WASSERFÖRDERUNG

WO KOMMT UNSER WASSER HER?

1. Hydrant – der Wasserhahn unter der Erde

- Sieht man nur den Deckel (oft rund, silber oder blau)
- Wird mit dem **Standrohr** geöffnet
- Wichtig: zuerst **entlüften**, dann Schlauch ankoppeln!

→ **Unterflurhydranten** gibt's fast überall in Wohngebieten

2. Offenes Gewässer – Teich, Fluss, See

- Das Wasser wird mit **A-Schläuchen** angesaugt
- Am Ende ist der **Saugkorb** mit Rückschlagventil
- Muss vorher gereinigt & gesichert werden!

→ Wichtig bei **Waldbränden oder abgelegenen Dörfern**

3. Löschwasserbehälter / Zisterne

- Meist unterirdisch
- Wird über ein **Saugrohr** entnommen
- Gibt's oft bei Gewerbe oder Neubauten

→ Ersatz, wenn Hydrant nicht reicht

4. Tank im Fahrzeug (TSF-W, LF, TLF)

- Für den **schnellen Erstangriff**
- Zwischen **500 und 5000 Liter** – je nach Fahrzeug
- Reicht nur für die ersten Minuten!

→ Danach: **Wasser nachführen**

> 💡 **Merksatz:**
> Ohne Wasser kein Feuerlöschen – gut zu wissen, wo's herkommt!

🎲 Mini-Aufgabe:

1. Was brauchen wir, um aus einem Hydranten Wasser zu holen?

   ☐ Strahlrohr   ☐ Standrohr   ☐ Besen

2. Was schützt den Saugkorb vor Dreck?

   ☐ Filter   ☐ Mundstück   ☐ Sieb

3. Woher kommt das Wasser beim Erstangriff?

   ☐ Vom Nachbarn   ☐ Vom Fahrzeugtank   ☐ Vom Regen

WASSERFÖRDERUNG – SO FLIEßT DAS WASSER

⟳ Was heißt Wasserförderung?

Das Wasser muss von der **Wasserentnahmestelle** (z. B. Hydrant, Teich)
bis zum **Strahlrohr an der Einsatzstelle** gelangen.

→ Dafür brauchen wir: **Schläuche, Pumpe und viele helfende Hände!**

● Kurze Wegstrecke (z. B. vom Hydranten)

- Wasser kommt direkt aus dem **Hydranten**
- Über **B-Schlauch** zum Fahrzeug
- Dann über **C-Schlauch** zum Angriffstrupp

🔧 Wichtig:

- Standrohr + Verteiler setzen
- Druck durch **Fahrzeugpumpe** geregelt

● Lange Wegstrecke (z. B. aus Teich, über viele 100 m)

- A-Schläuche mit Saugkorb ans offene Gewässer
- Wasser wird durch **Tragkraftspritze (TS)** angesaugt
- Über viele B-Schläuche bis zur **Einsatzstelle**

→ Wenn nötig: **Zwischenpumpe einsetzen!**

👷🚒 Aufteilung bei langer Strecke:

- ◆ **Wassertrupp**: Kümmert sich um Verteiler, Leitung, Pumpe
- ◆ **Schlauchtrupp**: Verlegt lange Schlauchstrecken
- ◆ **Maschinist**: Bedient Pumpe & kontrolliert Druck

> 💡 **Merksatz:**
> Wasser will fließen –
> wenn alle mithelfen,
> kommt's an!

✿ Mini-Aufgabe:

1. Wann brauchen wir eine lange Wegstrecke?
   - ☐ Wenn das Wasser gleich nebenan ist
   - ☐ Wenn der Teich weit weg ist
   - ☐ Wenn das Strahlrohr kaputt ist

2. Was saugt Wasser aus dem Teich?
   - ☐ Zumischer ☐ Tragkraftspritze ☐ Ölbindemittel

3. Wer kümmert sich um die Schläuche?
   - ☐ Melder ☐ Angriffstrupp ☐ Schlauchtrupp

HYDRANTEN

 **Hydrantenschilder lesen – gar nicht schwer!**

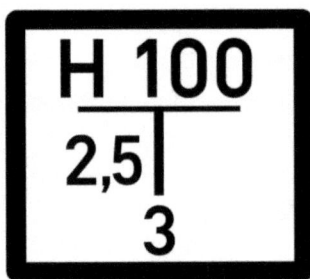

H = Hydrant, 100 = Rohrdurchmesser in mm

🔁 Die Zahlen darunter zeigen den **Abstand zum Hydranten** in Metern:

- ↑ = 3,0 m **geradeaus**
- ← = 2,5 m **nach links**

→ So findest du ihn auch im Schnee oder hohen Gras!

Wie erkenne ich einen Hydranten?

Typ	Erkennbar an...
Unterflurhydrant	Ein runder oder eckiger Deckel in der Straße
Oberflurhydrant	Steht sichtbar auf dem Gehweg oder Wiese

💡 **Merksatz:**

Das Schild zeigt den Weg – der Deckel ist das Ziel!

Was brauche ich für welchen Hydranten?

◆ **Unterflurhydrant (der Klassiker im Boden)**

- 🔧 **Standrohr** wird hineingeschraubt
- 🧷 Wasser fließt dann durch B-Kupplung
- Muss **entlüftet** werden (kurz offen lassen)

→ Häufigster Hydrant in Deutschland

◆ **Oberflurhydrant (steht sichtbar da)**

- Keine Abdeckung – sofort nutzbar
- Hat meist **zwei B-Kupplungen**
- Manchmal mit Handrad oder Steckschlüssel

→ Wird schneller aufgebaut – oft bei Industrie & neueren Anlagen

💡 **Merksatz:**

Ob Boden oder Steher – Hauptsache Wasser kommt her!

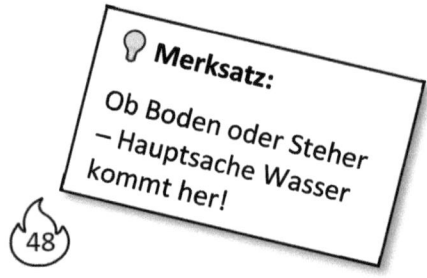

SICHERHEIT BEI DER WASSERFÖRDERUNG

🔧 Druckbegrenzungsventil

- Wird zwischen Fahrzeug & Strahlrohr eingebaut

- Schützt vor **zu starkem Druck**
  → Besonders wichtig bei kleinen Schläuchen (D/C)

🚫 Sicherer Umgang mit Schläuchen

- Keine Knicke legen!

- **Nicht draufsteigen!**

- Fahrzeuge dürfen **nie über Schläuche fahren**

👣 Achte auf freie Wege

- Schlauchleitungen **am Rand der Straße**

- Absichern mit **Warnkegeln / Blitzleuchten**

💡 **Merksatz:**

Wasser braucht Platz & Druck –
du sorgst für den Fluss!

🪨 Für die Großen:

- Max. Saughöhe beachten

- **Druckverlust** bei langen Strecken mitdenken

- Ab ca. 300 m B-Schlauch: **Zwischenpumpe einbauen**

🧩 WASSER MARSCH! – RÄTSELSEITE

❓ Teil 1: Richtig oder falsch?

1. Der Hydrant steht immer mitten auf der Straße.
   ☐ Richtig ☐ Falsch
2. Eine TS kann Wasser aus einem Teich ansaugen.
   ☐ Richtig ☐ Falsch
3. Der Schlauchtrupp stellt die Pumpe auf.
   ☐ Richtig ☐ Falsch
4. Das Druckbegrenzungsventil sorgt für besonders hohen Druck.
   ☐ Richtig ☐ Falsch

🔁 Teil 2: Was passt zusammen?

Gehört zusammen	Lösung
Saugkorb	☐ a) Hydrant aufdrehen
Standrohr	☐ b) Wasser aus dem Teich
TS	☐ c) Tragbare Pumpe
Blitzleuchte	☐ d) Einsatzstelle sichern

✏️ Teil 3: Lückentext

Beim _______________ wird Wasser direkt aus dem Hydranten entnommen.

Dazu braucht man ein _______________.

Wenn man aus einem Teich Wasser braucht, setzt man eine _______________ ein.

Die _______________ schützt uns vor zu starkem Wasserdruck.

WARUM BRAUCHEN WIR KNOTEN?

KNOTEN HALTEN DIE FEUERWEHR ZUSAMMEN!

Ob wir ein Strahlrohr sichern, eine Leine festbinden oder etwas retten wollen –
ohne Knoten hält nichts!

☁ Deshalb lernen wir ganz bestimmte Feuerwehr-Knoten,
die **sicher**, **leicht zu merken** und **schnell zu machen** sind.

📱 Wozu brauchen wir Knoten?

Anwendung	Beispiel
🪣 Etwas festbinden	Strahlrohr mit Leine sichern
🧵 Seile verbinden	Zwei Leinen aneinanderknoten
🧍 Person sichern	Retten mit Knoten an Gurt oder Brust
🧱 Leine befestigen	An einem Balken, Mast oder Gerät

💡 **Merksatz:**

Knoten sind wie Feuerwehrfreunde –
sie halten zusammen!

✳ **Mini-Aufgabe:**

1. Wofür brauchst du einen Knoten bei der Feuerwehr?
   ☐ Zum Spaß   ☐ Zum Basteln   ☐ Zum Sichern

2. Welche Knoten lernst du zuerst?
   ☐ Feuerwehr-Knoten   ☐ Zauberknoten   ☐ Krawattenknoten

DER KREUZKNOTEN

🌐 Wofür brauchen wir ihn?

- Um **zwei gleich dicke Leinen zu verbinden**
- Muss **fest** sein, aber sich bei Zug nicht verknoten
- WETTKAMPF
  - → Wird z. B. gebraucht, wenn eine Leine zu kurz ist

🔍 Beispiel aus dem Einsatz:

- Du hast zwei Arbeitsleinen und willst **eine lange Leine bauen**, um ein Strahlrohr zu sichern
  - → Kreuzknoten!

🙌 So legst du ihn:

1. Linkes Seilende über das rechte → Knoten
2. Rechtes Ende über das linke → Knoten (oben bleibt oben!)
   - → So entsteht ein „Kreuz" – beide Enden liegen nebeneinander

---

✋ So stichst du ihn:

- Du hast bereits ein Seil an etwas befestigt
- Jetzt brauchst du eine Verlängerung
- Mit einem sauberen Kreuzknoten sicherst du die Verbindung

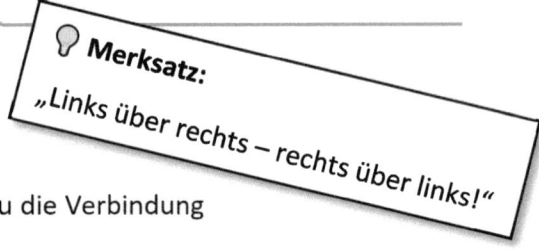

💡 **Merksatz:**
„Links über rechts – rechts über links!"

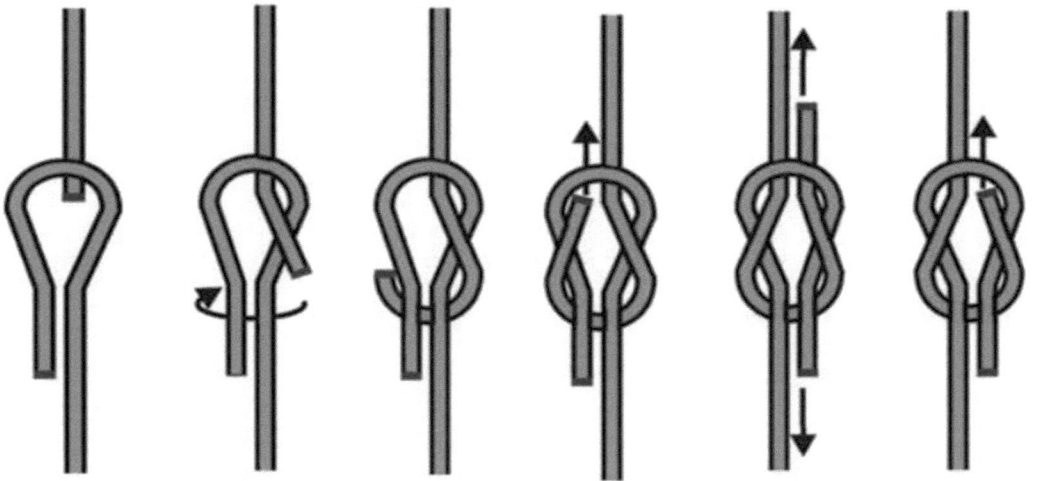

Quelle Bild 1 JFw Kropp-Stapelholm

❇️ Mini-Übung:

☐ Nimm zwei Seilstücke & verbinde sie mit dem Kreuzknoten

☐ Halte beide Enden fest & zieh – hält der Knoten?

DER SCHOTENSTICH

🪢 Wofür brauchen wir ihn?

- Um **zwei unterschiedlich dicke Leinen** zu verbinden
- Der dünne Teil soll sich **nicht durchziehen können**
  - → Wichtig beim **Kuppeln von Rettungsleinen an Gurte oder Ringe**

🔍 Beispiel aus dem Einsatz:

- Du willst eine **dünne Leine an einen Rettungsgurt** knüpfen
- Sie darf sich nicht lösen, auch wenn Zug draufkommt
  - → Schotenstich!

🖐️ So legst du ihn:

1. Mit der dickeren Leine eine **einfache Schlaufe legen**
2. Die dünnere Leine **von unten durch die Schlaufe**,
   hinter dem festen Ende herum,
   und zurück durch die Schlaufe führen

> 💡 **Merksatz:**
> „Einmal durch, einmal drum, wieder"

✋ So stichst du ihn:

- Eine **Öse, Gurt oder Ring** liegt vor dir
- Du fädelst die dünne Leine hinein und **sicherst sie fest mit dem Stich**
  - → Besonders zuverlässig bei Zug

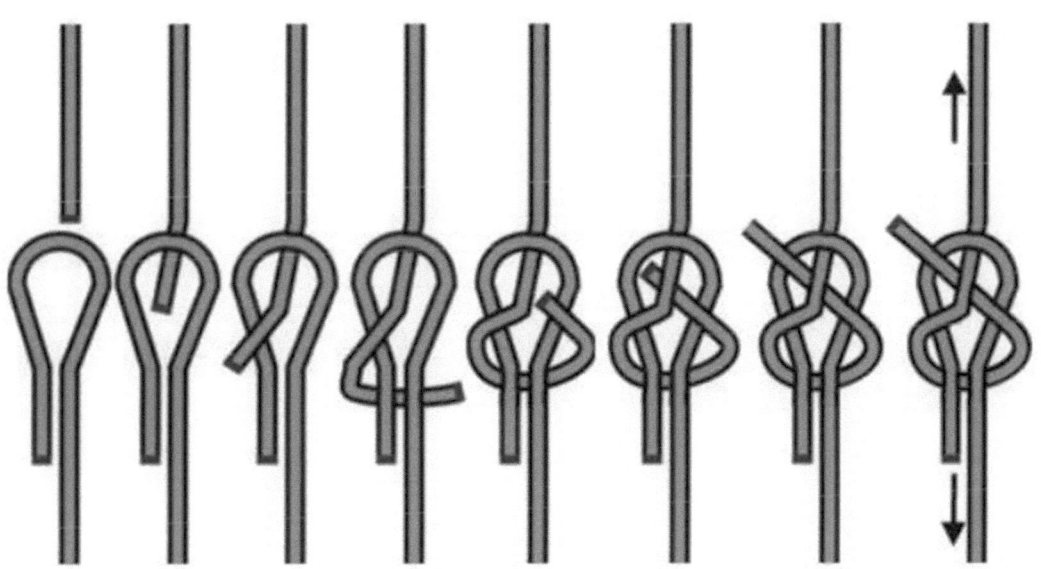

Quelle Bild 2 JFw Kropp-Stapelholm

DER ZIMMERMANNSSTICH

🪢 Wofür brauchen wir ihn?

- Zum **Befestigen eines Strahlrohrs mit einer Leine**
- Damit das Strahlrohr **hochgezogen oder gesichert** werden kann
- WETTKAMPF
  - → Hält zuverlässig, lässt sich aber leicht wieder lösen!

🔍 Beispiel aus dem Einsatz:

- Du willst ein **Strahlrohr in den ersten Stock ziehen**
- Es soll **nicht verrutschen oder kippen**, aber schnell abnehmbar sein
  - → Zimmermannsstich um das Strahlrohr – perfekt!

👊 So legst du ihn:

1. Leine **einmal um das Rohr wickeln**
2. Dann noch einmal, **aber in die gleiche Richtung**
3. **Das freie Ende durch beide Schlaufen stecken**
4. Festziehen – fertig!

✋ So stichst du ihn:

- Du hast das Strahlrohr schon in der Hand
- Du legst die Leine **direkt ums Rohr**
- Mit zwei Schlägen in die gleiche Richtung
- Durchziehen – fertig!

→ Achtung: Bei falscher Richtung rutscht der Knoten!

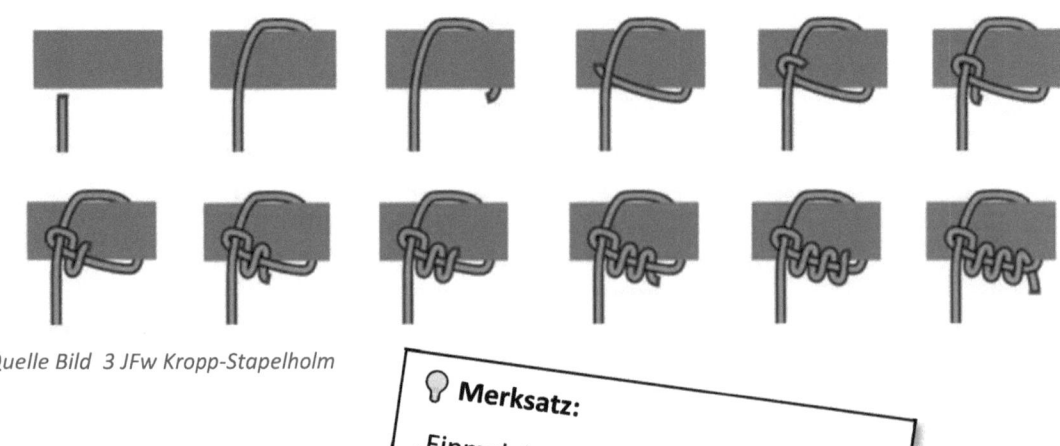

Quelle Bild 3 JFw Kropp-Stapelholm

💡 **Merksatz:**

„Einmal drum, nochmal drum – durch

DER MASTWURF

🔍 Wofür brauchen wir ihn?

- Zum **schnellen und sicheren Befestigen einer Leine** an einem festen Gegenstand
- Hält auch bei Zug – lässt sich aber **leicht wieder lösen!**
- WETTKAMPF

→ Wird oft verwendet bei:

- **Leinenbeutel** an Geländern
- **Sichern von Geräten**
- **Anbinden von Ausrüstung**

🔍 Beispiel aus dem Einsatz:

- Du willst deinen **Leinenbeutel an einem Geländer sichern**, damit er nicht herunterfällt
  → Mastwurf drum – und hält!

👐 So legst du ihn:

1. Zwei **Schlingen** legen
2. Die **zweite über die erste legen**
3. Beide zusammen **über den Pfosten stülpen**
4. Festziehen – fertig!

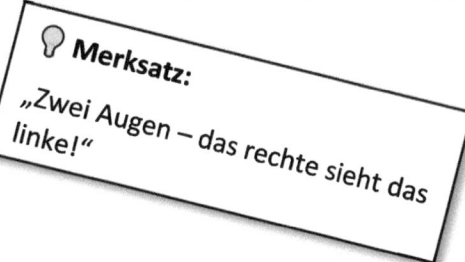

💡 **Merksatz:**

„Zwei Augen – das rechte sieht das linke!"

✋ So stichst du ihn:

- Du **führst die Leine direkt um den Gegenstand**
- Legst sie ein zweites Mal herum
- Steckst das freie Ende **zwischen die Seile**
- Ziehst fest – der Knoten klemmt sich selbst

→ Auch bei **horizontalen Rohren**, z. B. Geländern, super geeignet!

Quelle Bild 4 JFw Kropp-Stapelholm

DER HALBMASTWURF

🪨 Wofür brauchen wir ihn?

- Zum **Sichern beim Abseilen oder Retten**
- Man kann das Seil **kontrolliert nachgeben oder stoppen**
  - → Wichtig bei Menschenrettung, Geräten in der Höhe oder THL

🔍 Beispiel aus dem Einsatz:

- Eine Person muss vorsichtig mit dem Seil **abgelassen werden**
- Du benutzt einen **Halbmastwurf an einem Karabiner**, um kontrolliert zu sichern

→ Wichtig: Der Knoten „bremst von selbst"!

✊ So legst du ihn:

1. Leine einmal um den **Karabinerhaken** legen
2. Ein zweites Mal – **diesmal von der anderen Seite**
3. Das zweite Ende durch die entstandene Schlaufe
4. Knoten im Haken zurechtdrehen – fertig!

> 💡 **Merksatz:**
> „Einmal rum – andersrum – durch!"

✋ So stichst du ihn:

- Seilende durch den **Karabiner** führen
- So auflegen, dass der Knoten sich selbst **festzieht bei Belastung**
- Trotzdem gut lösbar!

→ Der Halbmastwurf funktioniert nur **mit Karabiner oder Rundhaken**

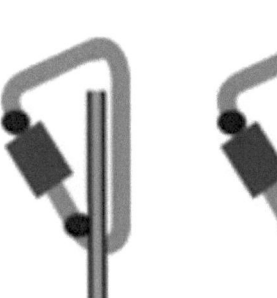

Quelle Bild 5 JFw Kropp-Stapelholm

DER DOPPELTE ANKERSTICH

🪨 Wofür brauchen wir ihn?

- Zum **schnellen Befestigen einer Leine an einer Stange, einem Ring oder einem Griff**
- Besonders praktisch bei **Haken, Sprossen, Armaturen**

  → **Rutscht nicht**, zieht sich aber fest!

🔍 Beispiel aus dem Einsatz:

- Du willst eine **Armatur** (z. B. Verteiler oder Strahlrohr) gegen Herunterfallen sichern
- Du legst den **doppelten Ankerstich** um den Tragegriff – fertig!

→ Schnell, sicher, auch mit Handschuhen gut machbar!

👊 So legst du ihn:

1. Leine doppelt nehmen (Schlaufe)
2. Die Schlaufe **zweimal um den Griff oder die Sprosse wickeln**
3. Die Schlaufe über das Gerät ziehen
4. Beide Enden festziehen

> 💡 **Merksatz:**
> „Doppelt drum – Schlaufe über – festziehen!"

✋ So stichst du ihn:

- Leine direkt um z. B. **Griff eines Verteilers**
- Zwei Wicklungen nacheinander
- Schlaufe durchziehen – **zieht sich beim Heben fest**

→ Sitzt bombenfest – ohne Knoten zu verheddern!

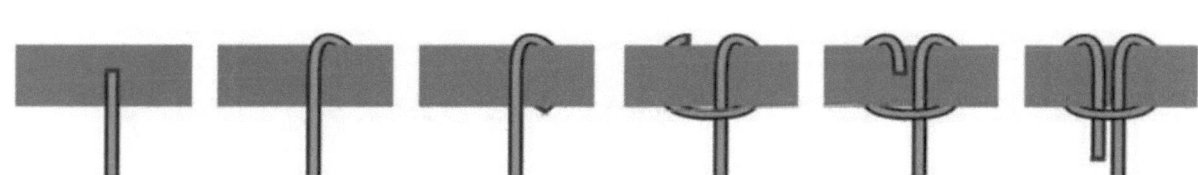

Quelle Bild 6 JFw Kropp-Stapelholm

DER ACHTERKNOTEN

🪨 Wofür brauchen wir ihn?

- Zum **Sichern am Ende einer Leine**, damit sie **nicht durchrutschen kann**
- Auch als **Grundknoten zum Einbinden** (z. B. in Rettungsgurt)

→ Er ist **leicht zu erkennen, sehr belastbar** und **gut lösbar**

🔍 Beispiel aus dem Einsatz:

- Du hast eine Leine durch eine Öse geführt – sie soll **nicht zurückrutschen**

  → Ein Achterknoten am Ende hält sie fest!

✊ So legst du ihn:

1. Eine **Bucht / Schlaufe** in die Leine legen
2. Das Ende **einmal hinter der Leine herumführen**
3. Und dann **durch die Schlaufe stecken**

→ Sieht aus wie eine kleine „8"

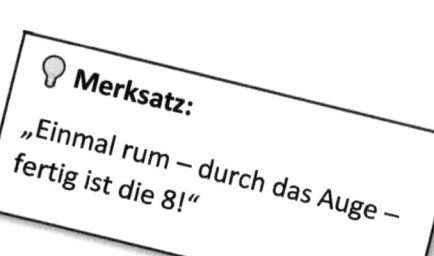

> 💡 **Merksatz:**
> „Einmal rum – durch das Auge – fertig ist die 8!"

✋ So stichst du ihn:

- Du brauchst eine **Stoppstelle** am Seil
- Du stichst den Achterknoten z. B. **am Ende eines Seils**, das durch eine Umlenkung läuft
- So kann es **nicht mehr zurückrutschen**

→ Wird auch zum **Einbinden mit Brustbund** genutzt (Rettung!)

Quelle Bild 7 JFw Kropp-Stapelholm

🪢 KNOTENRÄTSEL

🧠 Teil 1: Wer bin ich? (Rätselraten)

1. Ich halte zwei gleich dicke Leinen fest zusammen.

   Ich heiße: ____________________________

2. Man erkennt mich an meiner typischen „8".

   Ich bin der: ____________________________

3. Ich helfe dir, ein Strahlrohr hochzuziehen.

   Ich heiße: ____________________________

4. Ich werde gelegt, wenn es schnell & sicher an einem Rohr halten muss.

   Ich bin der: ____________________________

🔁 Teil 2: Verbinde richtig!

Knoten	Verwendung
Mastwurf	☐ a) Zwei gleich dicke Leinen verbinden
Kreuzknoten	☐ b) Leine an Stange oder Rohr
Achterknoten	☐ c) Stopper am Seilende
Schotenstich	☐ d) Dick & dünn verbinden

🤓 Teil 3: Wahr oder Quatsch?

1. Der Mastwurf hält gut, wenn er richtig gelegt ist.

   ☐ Wahr ☐ Quatsch

2. Den Halbmastwurf kann man einfach an jedem Seilende machen.

   ☐ Wahr ☐ Quatsch

3. Der doppelte Ankerstich wird nur zum Basteln verwendet.

   ☐ Wahr ☐ Quatsch

🎉 **Super gemacht! Du bist jetzt ein richtiger Knoten-König! 👑**

EINHEITEN IM FEUERWEHREINSATZ

WAS IST EINE EINHEIT?

Feuerwehr ist Teamarbeit!

Niemand kann alleine alles machen – deshalb gibt es bei der Feuerwehr Einheiten.
Eine Einheit ist eine Gruppe von Feuerwehrleuten, die zusammen im Einsatz arbeiten.

Was macht eine Einheit aus?

Eine Einheit besteht aus:

- mehreren Personen
- mit festen Aufgaben
- die in einem Fahrzeug unterwegs sind
- und bei Übungen oder echten Einsätzen gemeinsam handeln

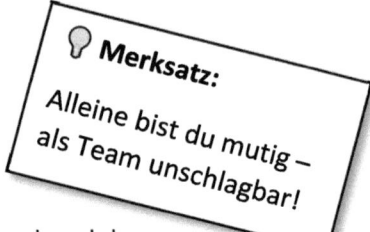

💡 **Merksatz:**

Alleine bist du mutig –
als Team unschlagbar!

➡️ Jede Einheit hat einen Anführer, meistens den Gruppenführer.

💡 **Beispiel**:

Stell dir vor, es brennt in einem Haus.
Dann braucht man:

- jemanden, der **Befehle** gibt (Gruppenführer)
- jemanden, der das **Fahrzeug bedient** (Maschinist)
- und Trupps, die **löschen** oder **Menschen retten**.

Nur zusammen klappt das! 💪

Die kleinste taktische Einheit

Die kleinste taktische Einheit heißt Trupp.

Ein Trupp besteht aus zwei Personen:

- ✓ dem Truppführer (er behält den Überblick)
- ✓ und dem Truppmann (er hilft und packt mit an)

Gemeinsam sind sie ein starkes Team –
egal ob beim Retten, Löschen oder Absichern!

DIE STAFFEL (6 PERSONEN)

Was ist eine Staffel?

Eine Staffel besteht aus 6 Personen und ist die kleinste Feuerwehr-Einheit mit einem kompletten Löschtrupp. 😊

Die Positionen:

🔔 **Gruppenführer** – sagt, wer was tun soll

🚒 **Maschinist (MA)** – fährt das Fahrzeug, bedient die Pumpe

🔥 **Angriffstrupp (A)** (2 Personen) – löscht, rettet

💧 **Wassertrupp (W)** (2 Personen) – kümmert sich um Schläuche & Wasserversorgung

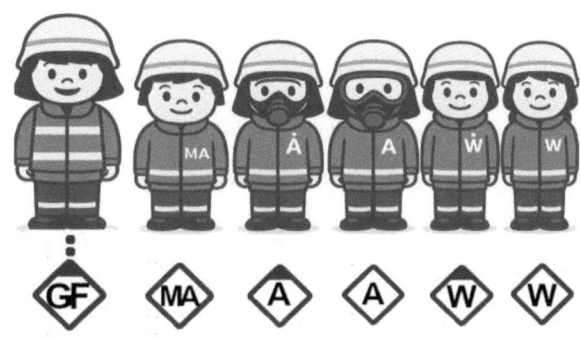

🔥 Staffel im Brandeinsatz

🔥 Angriffstrupp geht zur Brandbekämpfung oder Menschenrettung

💧 Wassertrupp sichert und baut die Wasserversorgung auf

🚒 Maschinist bedient die Pumpe am Fahrzeug

🔔 Gruppenführer bleibt draußen, behält den Überblick

➡️ Jeder Trupp hat einen klaren Auftrag!

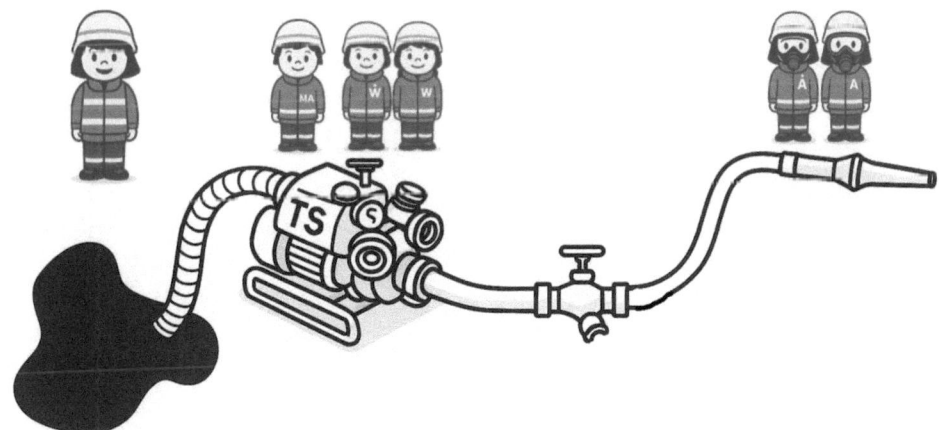

⚒ Staffel bei Technischer Hilfeleistung (THL)

z. B. bei einem Autounfall oder Baum auf Straße

🔧 Angriffstrupp rettet Personen, sichert das Auto

💡 Wassertrupp bringt Material (z. B. Absperrung, Licht, Werkzeug)

🔋 Maschinist bedient Stromaggregat, Geräte

🛑 Gruppenführer koordiniert und funkt mit der Leitstelle

Merksatz:
Jeder weiß, was er zu tun hat – das ist Staffelpower!

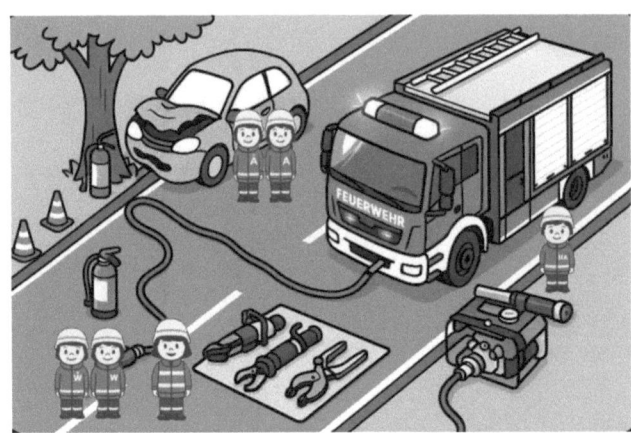

DIE GRUPPE (9 PERSONEN)

Was ist eine Gruppe?

Eine **Gruppe** ist eine Feuerwehr-Einheit mit **9 Personen**.
Sie ist größer als eine Staffel und wird bei **größeren Einsätzen** eingesetzt.

Wer gehört zur Gruppe?

👮 **Gruppenführer**
🚒 **Maschinist (MA)**
🔥 **Angriffstrupp (A)** (2 Personen)
💧 **Wassertrupp (W)** (2 Personen)
🧰 **Schlauchtrupp (S)** (2 Personen)

➡ manchmal auch: 📢 **Melder (ME)** (für Funk oder Hilfe)

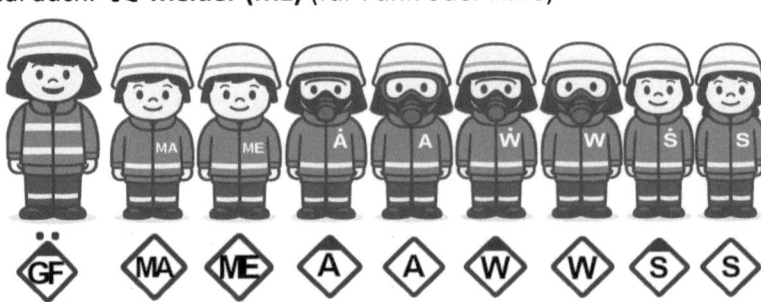

🔥 Die Gruppe im Brandeinsatz

🔥 Angriffstrupp:

→ Nimmt das erste Strahlrohr mit Schlauch vor,

→ rückt zur Menschenrettung oder Brandbekämpfung vor

→ Arbeitet im Gebäude oder an der Brandstelle

💧 Wassertrupp:

→ Sichert den Angriffstrupp mit zweitem Rohr oder Schlauch

→ Legt Angriffsleitungen

→ Unterstützt bei der Absicherung der Einsatzstelle

🧰 Schlauchtrupp:

→ Stellt die Wasserversorgung vom Fahrzeug zur Wasserentnahmestelle her (z. B. Hydrant)

→ Holt Geräte, bringt zusätzliche Schläuche und Armaturen

🚒 Maschinist:

→ Bedient die Pumpe, sorgt für Wasser und Druck

→ Fährt und sichert das Fahrzeug

👮 Gruppenführer:

→ Gibt Befehle, beobachtet die Trupps, funkt mit der Leitstelle

💡 Merksatz:

Ohne Wasser kein Löschen – ohne Trupps kein Erfolg!!

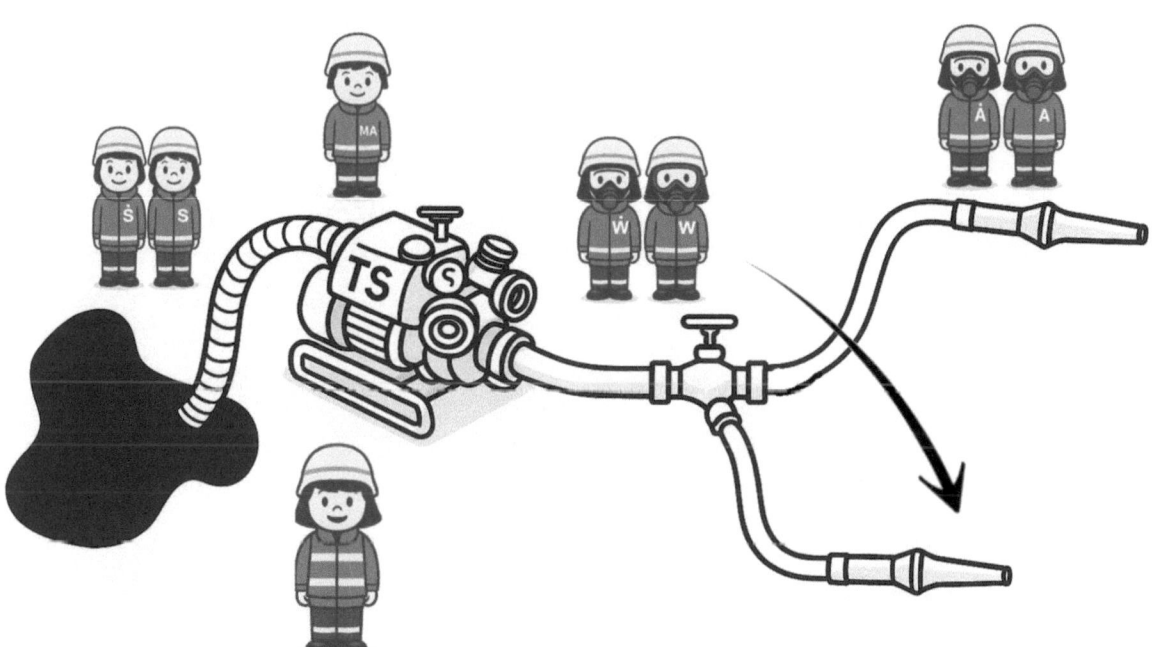

⚒ Die Gruppe bei Technischer Hilfeleistung (THL)

Beispiel: Verkehrsunfall

🔥 **Angriffstrupp:**
→ Rettet Personen, sichert das Fahrzeug

💧 **Wassertrupp:**
→ Holt Licht, Absicherung, Sichern vor dem Verkehr

🧰 **Schlauchtrupp:**
→ Holt Werkzeuge (z. B. Schere, Spreizer), hilft beim Aufbau

🚒 **Maschinist:**
→ Bedient Stromaggregat, bereitet Geräte vor

👮 **Gruppenführer:**
→ Gibt Befehle, spricht mit der Leitstelle, beobachtet

💡 **Merksatz:**
Jeder Trupp hat seine Aufgabe – nur zusammen läuft's richtig rund!

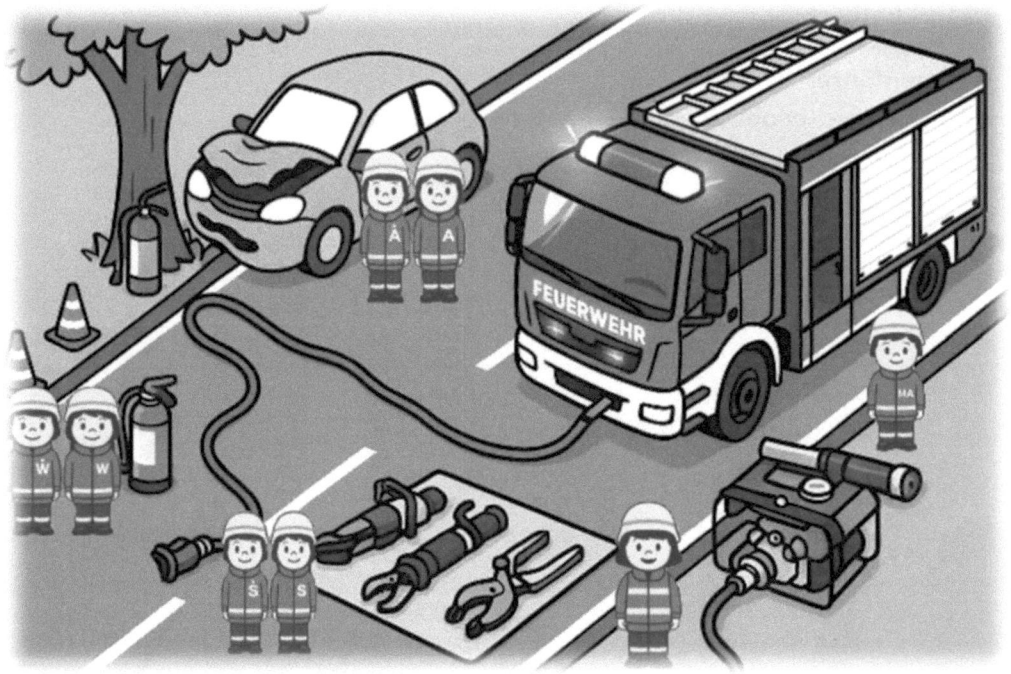

⚒ Mini-Aufgabe:

Was macht der Schlauchtrupp?

☐ Menschen retten

☐ Funkgerät bedienen

☐ Geräte bringen und Schläuche nachlegen

SITZORDNUNG IM FAHRZEUG – WARUM SITZT WER WO?

🚐 Staffel (6 Personen)

Maschinist sitzt **vorn links**

→ Er fährt das Fahrzeug

Gruppenführer sitzt **vorn rechts**

→ So kann er während der Fahrt schon mit dem Fahrer und Truppführern sprechen

Angriffstrupp sitzt im **Mannschaftsraum hinten links oder gegen Fahrtrichtung**

→ Meist **in der Nähe der Atemschutzgeräte**

→ **Truppführer sitzt links**, damit er nah beim Gruppenführer ist

Wassertrupp sitzt **hinten**

→ Auch hier sitzt der **Truppführer links**, direkt gegenüber dem Angriffstruppführer

💬 **Warum das so ist:**

Truppführer links = besserer Sicht- & Sprechkontakt mit dem Gruppenführer

→ **Absprachen sind schon während der Fahrt möglich!**

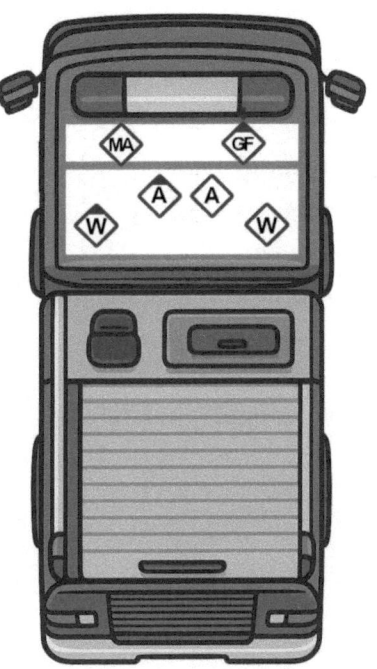

🚐 Gruppe (9 Personen)

Zusätzlich zur Staffel kommt jetzt noch der **Schlauchtrupp** dazu:

- **Maschinist** = vorn links

- **Gruppenführer** = vorn rechts

- **Angriffstrupp** = hinten links

- **Wassertrupp** = hinten rechts

- **Schlauchtrupp** = mittig hinten oder auf Zusatzsitz
  → Je nach Fahrzeug (z. B. TSF-W oder LF)

- Auch hier:
  → Truppführer **immer links** im Sitz
  → Kommunikation = einfacher und schneller

💡 **Merksatz:**
Links sitzt der Chef vom Trupp – damit alle schnell Bescheid wissen!

ANTRETEORDNUNG HINTER DEM FAHRZEUG

Was bedeutet „Antreteordnung"?

Beim Üben oder im Einsatz stellen sich alle Feuerwehrleute **geordnet hinter dem Fahrzeug auf.**

→ So weiß der Gruppenführer sofort:

✔ Wer ist da

✔ Wer steht wo

✔ Wer bekommt welche Aufgabe

Staffel (6 Personen) – Aufstellung

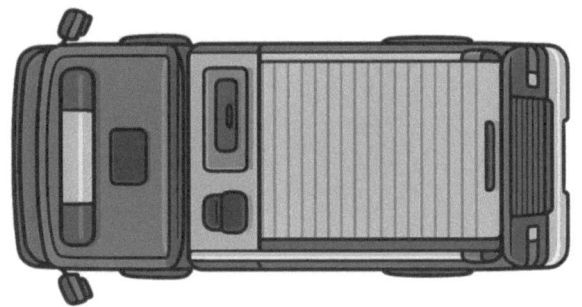 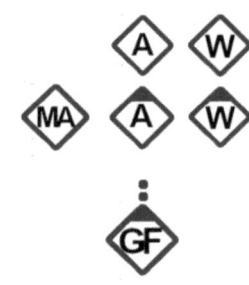

Gruppe (9 Personen) – Aufstellung

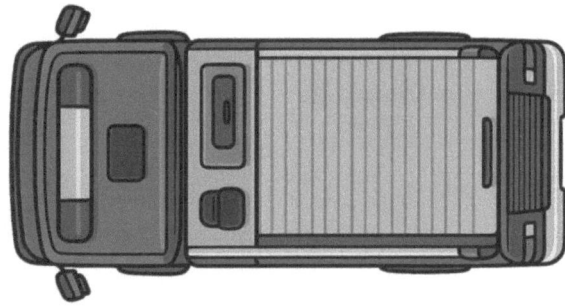 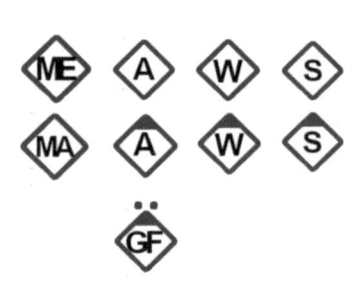

� Mini-Aufgabe:

1. Wer steht beim Antreten in der Mitte der ersten Reihe?
   ☐ Gruppenführer ☐ Angriffstrupp ☐ Maschinist

2. Was macht der Maschinist beim Antreten?
   ☐ Er steht im Schlauchtrupp
   ☐ Er fährt nochmal weg
   ☐ Er bleibt hinten beim Fahrzeug

💡 **Merksatz:**
Alle an ihrem Platz – so läuft der Einsatz glatt!

ABSICHERN – DAMIT ALLE SICHER ARBEITEN KÖNNEN

📢 Warum ist Absichern so wichtig?

- Bei Verkehrsunfällen sind alle gefährdet – nicht nur die Verletzten!

- Autos fahren oft zu schnell oder sehen die Einsatzstelle zu spät.

- Deshalb müssen wir **sichtbar und sicher arbeiten**.

🧰 Wer sichert ab?

Wassertrupp oder **Schlauchtrupp** – je nach Einheit

Sie holen:

⬛ Warndreiecke

🚧 Verkehrsleitkegel

💡 Blitzleuchten

⚪ Warnwesten

🚒 So funktioniert's:

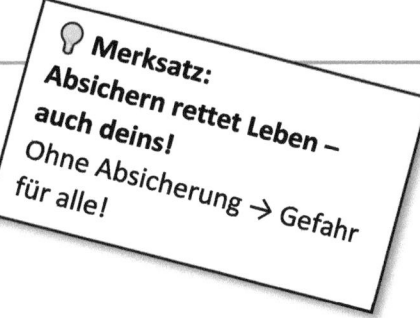

> 💡 **Merksatz:**
> **Absichern rettet Leben –**
> **auch deins!**
> Ohne Absicherung → Gefahr
> für alle!

1. **Fahrzeug sichern**
   - Handbremse, Licht, Blaulicht
   - Warnblinkanlage an

2. **Verkehr absichern**
   - **Kegel im Abstand aufstellen** (z. B. 50 m, je nach Straße)
   - Blitzleuchten auf Kegel setzen
   - ggf. Warndreieck oder Faltsignal

3. **Eigenes Team sichern**
   - Immer **mit Warnweste**
   - Immer **auf den Verkehr achten**
   - Nie alleine am Straßenrand stehen

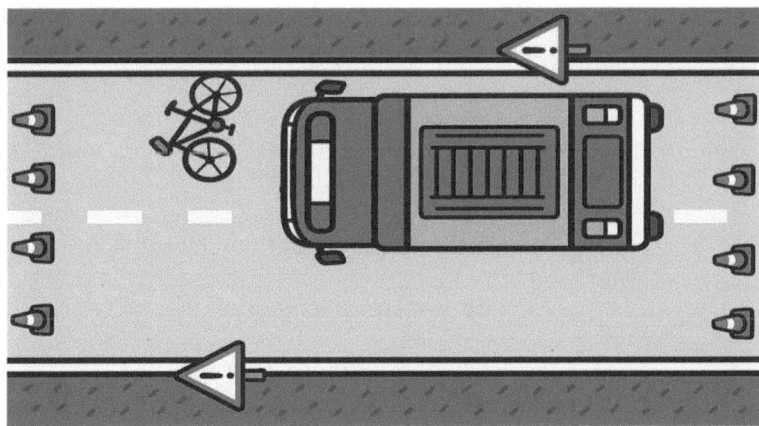

✿ BIST DU SCHON EIN EINSATZ-PROFI?

✓ **Teil 1: Was gehört zu welcher Einheit?**

Ordne zu: **Staffel (6 Personen)** oder **Gruppe (9 Personen)**

- 🧰 Schlauchtrupp
- 🚒 Maschinist
- 💧 Wassertrupp
- 👮 Gruppenführer
- 🔺 Melder
- 🔥 Angriffstrupp

❔ **Teil 2: Richtig oder falsch?**

1. Der Angriffstrupp nimmt das erste Strahlrohr mit.
   ☐ Richtig   ☐ Falsch

2. Der Gruppenführer fährt das Fahrzeug.
   ☐ Richtig   ☐ Falsch

3. Die Truppführer sitzen im Fahrzeug immer rechts.
   ☐ Richtig   ☐ Falsch

4. Beim Antreten stehen alle durcheinander, wie sie wollen.
   ☐ Richtig   ☐ Falsch

5. Der Maschinist bedient die Pumpe.
   ☐ Richtig   ☐ Falsch

🔄 **Teil 3: Wer macht was im Einsatz?**

Ziehe die Linien oder verbinde:

Person	Aufgabe
Maschinist	Rettet Menschen
Angriffstrupp	Gibt Befehle, behält den Überblick
Gruppenführer	Holt Geräte & Schläuche
Schlauchtrupp	Bedient Fahrzeug & Pumpe

💡 **Merksatz zum Schluss:**
Einsatz klappt nur im Team – und du bist mittendrin! 👍🚒

EINSATZGRUNDSÄTZE: WENN'S ERNST WIRD!

WAS IST EIN EINSATZ?

🚒 **Ein Einsatz ist, wenn die Feuerwehr rausfährt, um zu helfen.**

Das kann z. B. sein:

- 🔥 Wenn es irgendwo **brennt**
- ⚒️ Wenn jemand **eingeklemmt** ist oder Hilfe braucht
- 🐾 Wenn ein **Tier gerettet** werden muss
- 💧 Oder wenn **Wasser** im Keller steht

> 💡 **Merksatz:**
> Wer helfen will, muss zuerst selbst sicher sein!

👮 **Wer entscheidet, was gemacht wird?**

➡️ Das macht der **Gruppenführer oder Staffelführer**.
Alle hören auf seine Befehle – damit nichts passiert und alle sicher bleiben!

✅ **Wichtige Regeln beim Einsatz:**

Regel	Warum?
🚷 Immer auf den Gruppenführer hören	Nur so wissen alle, was zu tun ist
🧍 Truppweise arbeiten	Nie allein – zu zweit ist sicherer!
☁️ Ruhe bewahren	Auch wenn's aufregend ist – ruhig handeln
👀 Gucken, denken, handeln	Erst schauen – dann helfen!
🛑 Eigenschutz zuerst!	Nur wer selbst sicher ist, kann anderen helfen!

🎲 **Mini-Aufgabe:**

1. Wer gibt beim Einsatz die Befehle?
   ☐ Angriffstruppführer   ☐ Gruppenführer   ☐ Feuerwehrhund

2. Warum darf man nie allein loslaufen?
   ☐ Weil's langweilig ist   ☐ Weil's gefährlich ist   ☐ Weil man sonst schneller ist

3. Was sollst du zuerst machen?
   ☐ Losrennen   ☐ Nachdenken   ☐ Laut schreien

BRANDEINSATZ – UNSERE GRUNDSÄTZE

Was passiert bei einem Brand?

Wenn es brennt, zählt jede Sekunde – aber nur, wenn alle ruhig und richtig handeln!

Die Feuerwehr **löscht nicht einfach drauflos**, sie **arbeitet nach Plan und in Trupps.**

Unsere wichtigsten Grundsätze im Brandeinsatz:

Regel	Warum?
Immer im **Trupp** arbeiten	Zu zweit ist sicherer – einer hilft dem anderen!
Türen prüfen vor dem Öffnen	Dahinter kann es heiß oder verraucht sein
Wasser erst auf Befehl geben	Sonst entsteht unnötiger Schaden oder Gefahr
Rückwegsicherung nicht vergessen	Damit man wieder rausfindet
Immer in Kontakt bleiben	Ohne Kommunikation keine Sicherheit

Für die Großen:

- Rauch steigt nach oben → **in Bodennähe bleiben!**
- Brandgase können **explodieren**, wenn man falsch lüftet
- **Löschmittelwahl** beachten: Wasser ist nicht immer die Lösung!

Beispiel: *Papierkorbbrand in der Schule*

1. Melder meldet → Feuerwehr rückt an
2. Angriffstrupp rüstet sich aus
3. Angriffstrupp geht vor mit Strahlrohr & Rückwegsicherung
4. Wasser marsch – **auf Befehl**
5. Brand löschen, Kontrolle, Rückzug
6. Nachbesprechung & Rückbau

Merksatz:
Ohne Befehl kein Wasser – mit Köpfchen gegen Flammen!

TECHNISCHE HILFELEISTUNG – UNSERE GRUNDSÄTZE

🔧 Was ist Technische Hilfeleistung (THL)?

Das ist ein Einsatz, **bei dem nichts brennt**, aber trotzdem **Hilfe gebraucht wird**:

- 💥 Verkehrsunfall
- 🌳 Baum auf der Straße
- 🙂 Person eingeklemmt
- 💧 Keller unter Wasser

➡️ Die Feuerwehr hilft – **mit Technik, Köpfchen und Gefühl!**

⚙️ Wichtige Einsatzgrundsätze bei THL:

Regel	Warum?
🔒 **Absichern der Einsatzstelle**	Damit niemand angefahren oder verletzt wird
⚡ **Auf Strom und Flüssigkeiten achten**	Strom, Benzin, Öl = große Gefahr!
🧍 **Personen betreuen & beruhigen**	Reden hilft – keine Panik machen
💧 **zwei Löschmittel bereit stellen**	Falls ein Feuer entsteht – schnelle Reaktion
🪨 **Nicht überstürzt handeln**	Erst erkunden, dann helfen – keine Hektik
🧰 **Geräte nur auf Befehl benutzen**	Schere, Spreizer & Co. sind gefährlich!

🔑 Beispiel: *Auto fährt gegen Baum – Kind eingeklemmt*

1. Feuerwehr sperrt die Straße
2. Erste Kräfte kümmern sich um die verletzte Person
3. Fahrzeug wird stabilisiert
4. Schere & Spreizer kommen zum Einsatz
5. Person wird befreit und an Rettungsdienst übergeben

> 💡 **Merksatz:**
> Bei THL zählt Ruhe, Teamarbeit und Technik – und ein bisschen Mut.

ABC-GEFAHR – WAS TUN BEI GEFÄHRLICHEN STOFFEN?

✖ Was ist ein ABC-Einsatz?

ABC steht für:

Buchstabe	Bedeutung	Beispiele
A	**Atomar**	z. B. Strahlung bei Reaktorunfall
B	**Biologisch**	z. B. Viren, Bakterien, Pilze
C	**Chemisch**	z. B. Gase, Säuren, ausgelaufene Stoffe

→ Diese Stoffe können **unsichtbar, giftig oder explosiv** sein!

⚠ Wie erkenne ich eine ABC-Gefahr?

- Totenkopf- oder Gefahrstoff-Warnzeichen
- Ungewöhnliche Gerüche, Dämpfe oder Rauch
- Verletzte Personen ohne sichtbare Ursache
- Explosion oder unbekannter Stoff läuft aus

⊘ Was dürfen wir NICHT tun?

- **Nicht hineingehen!**
- **Nicht anfassen!**
- **Nicht „mal eben gucken"!**

✓ Was dürfen wir tun?

→ Nach der **GAMS-Regel** handeln:

Buchstabe Bedeutung

G	**Gefahr erkennen**
A	**Absperren (mind. 50 m)**
M	**Menschen retten** *nur im Notfall* (ein Trupp, Dekon!)
S	**Spezialkräfte nachfordern!**

→ Bei **Explosionsgefahr**: 🔊 **Evakuierung im Umkreis von 1 Kilometer** einleiten

> 💡 **Merksatz:**
> Sehen – Denken – Rückzug!
> Die Spezialkräfte kommen

🧠 **Neue Wörter erklärt: Dekon**

👤 **Wenn jemand im gefährlichen Bereich war (z. B. bei Gas oder Chemie),** dann darf er **nicht einfach wieder zu allen anderen zurück!**

→ Er muss erst **ganz gründlich gereinigt und überprüft** werden, damit er **nichts Gefährliches mitbringt.**

> 💡 **Merksatz:**
> Erst sauber – dann sicher
> zurück zu den anderen!

TIERRETTUNG – AUCH TIERE BRAUCHEN HILFE!

🐶 Was ist eine Tierrettung?

Tiere können sich genauso in Gefahr bringen wie Menschen:

- 🐱 Katze kommt nicht mehr vom Baum

- 🐕 Hund fällt in einen Schacht

- 🦅 Vogel verheddert sich in einem Netz

- 🐴 Pferd steckt im Zaun fest

➡️ Auch **dafür rückt die Feuerwehr aus!**

⚠️ Wichtige Grundsätze bei der Tierrettung:

Regel	Warum?
🧍 **Ruhe bewahren**	Tiere haben Angst – nicht zusätzlich erschrecken
🔋 **Eigenschutz zuerst**	Verletzte oder wilde Tiere können gefährlich sein
🐾 **Tierverhalten beobachten**	Vorsicht bei Bissen, Kratzen oder Fluchtversuchen
📞 **Fachleute dazuholen**	Tierarzt oder Tierheim helfen weiter
📱 **Mit Besitzer sprechen**	Gibt oft wertvolle Hinweise (Name, Lockrufe, etc.)

🔍 Beispiel: *Katze auf dem Baum*

1. Nachbar ruft Feuerwehr

2. Einsatzstelle wird abgesichert

3. Leiter wird aufgestellt – **ein Trupp steigt vorsichtig auf**

4. Die Katze wird **ruhig angesprochen & gesichert**

5. Übergabe an die Besitzerin

💡 **Merksatz:**
Wer Tiere retten will, braucht Mut – und ganz viel Gefühl.

➡️ Manchmal kommen die Tiere auch **einfach selbst runter** – dann reicht **Absichern & Warten** 🐱 😄

UNSERE AUFGABE: UMWELTSCHUTZ – WIR SCHÜTZEN DIE NATUR!

🌲 **Feuerwehr schützt nicht nur Menschen – sondern auch unsere Umwelt!**

Denn was nützt es, wenn wir Menschen retten, aber die Natur dabei kaputtgeht?

🦎 **Wobei schützen wir?**

Beispiel	Warum wichtig?
🛢️ Öl läuft aus LKW	Damit es nicht in die Erde oder den Bach gelangt
🧽 Chemikalien-Unfall in der Firma	Damit keine giftigen Stoffe in den Fluss kommen
🔥 Bei Bränden	Damit Rauch oder Löschwasser nicht die Umwelt vergiftet
🐟 Tiere im Bach	Weil sie empfindlich auf Dreck, Öl oder Schaum reagieren

---

🧰 **Was nutzt die Feuerwehr für den Umweltschutz?**

- 🚧 **Ölbindemittel** – saugt Flüssigkeiten von der Straße
- 🧴 **Auffangwannen** – bei leckenden Fässern oder Autos
- **Abdichtmaterial** – um Gullis zu sichern
- 🧽 **Wissen** – z. B. wie man gefährliche Stoffe erkennt

💡 **Merksatz:**

Wenn wir helfen, schützen wir auch Natur, Tiere und Wasser.

BERGEN – WENN ETWAS SICHER ZURÜCKKOMMEN SOLL

📦 Was bedeutet „Bergen"?

Bergen heißt:

🧍 Etwas oder jemand ist **nicht mehr zu retten**, oder muss **sicher aus einem Gefahrenbereich geholt werden.**

Das kann sein:

- 💥 Ein verunglücktes Auto

- 🏠 Ein abgestürztes Gerät oder Fahrzeug

- 🏷 Leider auch: ein Mensch oder Tier, das nicht mehr lebt

➡️ Klingt traurig – aber ist **ganz wichtig und ehrenvoll!**

🔎 Was ist wichtig beim Bergen?

Regel	Warum?
🔒 Einsatzstelle gut absichern	Niemand darf verletzt werden
🚧 Langsam und vorsichtig arbeiten	Nichts darf noch mehr kaputt gehen
💬 Ruhig und mit Respekt sprechen	Besonders bei Personen / Angehörigen wichtig
🤝 Zusammenarbeit mit Polizei/Notarzt	Alle arbeiten Hand in Hand

🔍 Beispiel: *Verunfalltes Auto im Graben*

- Niemand mehr im Auto – aber es blockiert die Straße

- Feuerwehr sichert die Stelle

- Fahrzeug wird mit Seilwinde oder Kran **geborgen**

- Danach wird der Weg wieder freigegeben

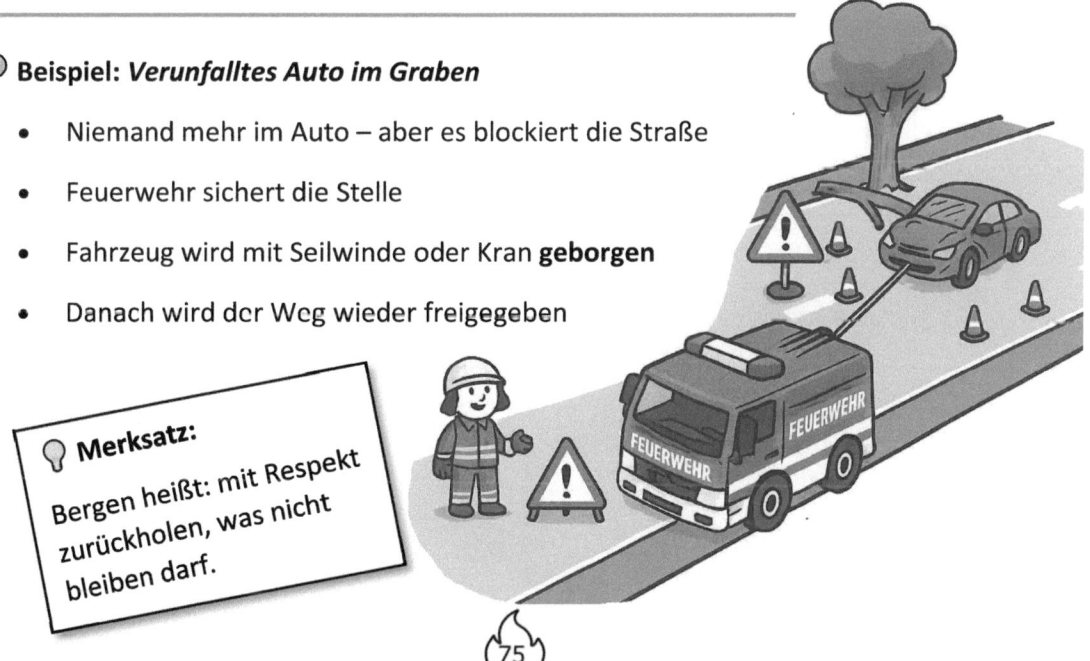

> 💡 **Merksatz:**
> Bergen heißt: mit Respekt zurückholen, was nicht bleiben darf.

GEFAHREN AN DER EINSATZSTELLE – AUFGEPASST!

Einsatzstellen können gefährlich sein!

Die Feuerwehr arbeitet **oft an Orten**, wo es **ungewöhnlich, laut, heiß oder rutschig** ist. Darum heißt es: **Augen auf, denken, sicher handeln!**

Diese Gefahren gibt es oft:

Gefahr	Warum sie gefährlich ist	Was du tun sollst
Straßenverkehr	Autos übersehen dich vielleicht	Warnkleidung tragen, gut absichern
Strom	Strom sieht man nicht, aber er kann töten	Abstand halten, Fachleute rufen
Hitze & Flammen	Kleidung kann Feuer fangen	Schutzkleidung tragen, Abstand halten
Rauch & Gase	Kann giftig sein oder dir die Luft nehmen	Nicht einatmen, PA-Träger einsetzen
Einsturzgefahr	Mauern, Dächer oder Bäume können fallen	Abstand halten, Führungsperson fragen
Gefährliche Stoffe	Chemie, Öl oder Gas können dich verletzen	Absperren, Spezialkräfte holen
Sich selbst vergessen	Wenn du zu mutig bist, bringst du dich in Gefahr	Immer im Trupp, auf Anweisungen hören
Dunkelheit	Du siehst schlecht, kannst stolpern oder Geräte übersehen	Immer Lampe dabei, Einsatzstelle ausleuchten

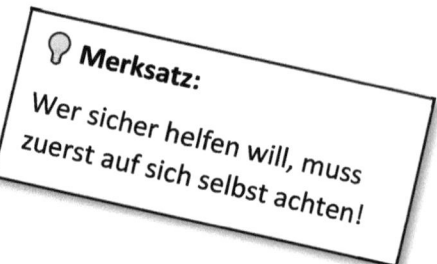

Merksatz:

Wer sicher helfen will, muss zuerst auf sich selbst achten!

☑ DEINE EINSATZ-CHECKLISTE

Kreuze an, was du dir schon gemerkt hast –
bist du bereit für deinen ersten (Spiel-)Einsatz? ☺

🔥 Brandeinsatz

☐ Immer im Trupp arbeiten
☐ Türen prüfen, bevor man sie öffnet
☐ Wasser marsch nur auf Befehl
☐ Rückweg sichern & Funkkontakt halten

🔧 Technische Hilfeleistung

☐ Einsatzstelle absichern (z. B. Unfallstelle)
☐ Strom, Öl, Benzin = Achtung!
☐ Geräte nur benutzen, wenn man darf
☐ Verletzte betreuen, nicht erschrecken

☣ ABC-Gefahr

☐ Gefahr erkennen – Abstand halten!
☐ 50 m absperren – bei Explosion:
  1 km evakuieren
☐ GAMS-Regel anwenden
☐ Nur im Notfall retten – mit Schutz!

🐾 Tierrettung

☐ Tiere nicht erschrecken – leise & ruhig
☐ Eigenschutz geht vor
☐ Fachleute holen, z. B. Tierarzt oder
  Tierheim
☐ Manchmal einfach nur warten & sichern

🧱 Bergen

☐ Manchmal muss man Dinge oder Personen zurückholen
☐ Dabei ruhig und respektvoll sein
☐ Langsam & sicher arbeiten
☐ Mit Polizei, Rettung & anderen zusammenarbeiten

🌍 Umweltschutz

☐ Öl, Chemie oder Rauch kann Natur schädigen
☐ Ölbindemittel, Abdichtungen & Auffangwannen helfen
☐ Wasser, Tiere und Pflanzen mitdenken!

⚠ Gefahren erkennen

☐ Strom, Rauch, Hitze
☐ Verkehr & Dunkelheit
☐ Chemie & Einsturz
☐ Immer zuerst sich selbst schützen!

✷ GROSSEINSATZ-RÄTSEL!

❓ Teil 1: Richtig oder falsch?

1. Du darfst immer allein ins Feuer gehen.
   ☐ Richtig   ☐ Falsch

2. Wenn ein Hund in einen Schacht fällt, hilft auch die Feuerwehr.
   ☐ Richtig   ☐ Falsch

3. Bei Dunkelheit brauchst du keine Lampe, wenn du mutig bist.
   ☐ Richtig   ☐ Falsch

4. Ein „ABC"-Einsatz ist ganz ungefährlich.
   ☐ Richtig   ☐ Falsch

🔁 Teil 2: Was gehört zusammen?

Aufgabe   Was man tun muss

Retten   ☐ a) Etwas sichern und zurückholen

Bergen   ☐ b) Menschen oder Tiere aus Gefahr holen

Löschen   ☐ c) Brand mit Wasser oder Schaum bekämpfen

Schützen   ☐ d) Natur, Wasser & Tiere nicht gefährden

🌐 Teil 3: Lückentext

Wenn ich bei einem Verkehrsunfall helfe, nennt man das

_____.

Wenn es brennt, darf ich erst „Wasser marsch!" geben, wenn der
_____ es sagt.

Bei Gefahr durch Chemie oder Gas halte ich _____ Meter Abstand.

Tiere sollte man ruhig ansprechen und am besten _____ dazuholen.

 Super gemacht! Du bist jetzt einsatzbereit – wie ein echter kleiner Feuerwehrprofi!

WARUM ICH „FLORIAN" HEIßE – ERZÄHLT VOM ALTEN FEUERWEHRWAGEN

Es war spät am Abend im Gerätehaus.
Draußen trommelte der Regen auf das Dach, und drinnen summte es leise –
so wie es manchmal klingt, wenn die alten Fahrzeuge einander Geschichten erzählen...

Da sprach ich, der älteste unter ihnen – ein alter, roter Löschwagen mit ein paar Beulen,
aber mit vielen Geschichten im Tank:

„Ihr fragt euch sicher, warum auf meinem Funkgerät ‚**Florian Haasow**' steht.
Warum ausgerechnet ‚**Florian**'? Ist das mein Name?

Ja. Und nein.

Ich trage ihn – **wie alle Feuerwehrfahrzeuge in Deutschland** –
zur Erinnerung an einen ganz besonderen Menschen.

Vor langer Zeit, als es noch keine Feuerwehrhelme und Sirenen gab,
lebte ein mutiger Mann namens **Florian von Lorch.**

Er war römischer Soldat. Stark. Schnell.
Aber er war nicht nur tapfer – **er hatte auch ein großes Herz.**

Eines Tages erfuhr er, dass ein ganzes Dorf brannte.
Häuser standen in Flammen, Menschen schrien,
und niemand traute sich näher.

Doch Florian rannte los. **Mit nichts als einem Eimer Wasser –**
und seinem Mut.

Er rettete viele. **Nicht mit Magie. Sondern mit seinem Willen zu helfen.**

Und weil er **für andere da war,**
wurde er zum **Schutzpatron der Feuerwehr.**

Und so tragen wir – die Feuerwehrfahrzeuge – heute seinen Namen.

Damit wir nie vergessen:
Warum wir da sind. Für wen wir fahren. Und wofür wir brennen."

Der Regen hörte auf.
Und im Licht der Fahrzeughalle glänzte eine kleine Träne auf dem roten Lack.
Oder war es nur ein Tropfen vom letzten Einsatz?

„Also... wenn du einmal einen Funkrufnamen hörst wie
‚Florian 10/48/03' – dann weißt du jetzt:

Florian fährt los.
Um zu helfen. So wie du es eines Tages auch tun wirst."

✨ *ENDE – aber dein Weg bei der Feuerwehr hat gerade erst begonnen...*